僕が常に部員に言い続けたのは、「こだわること」だった。
人が気づかないところに目を向けようとする態度、
人の何倍も働こうとする積極性、
人のことを考えてやれる思いやりとゆとり、
どれもこれも人間として、
スポーツをする人にとっても、大切なことばかりである。
ラグビーとは人生そのものだとつくづく思う。

「竹田流」人間力の高め方

御所実業高校ラグビー部の挑戦

著
竹田寛行
村上晃一

はじめに

第100回全国高等学校ラグビーフットボール大会

教師生活最後の挑戦が終わった。記念すべき100回目の全国高校大会に出場し、選手たちが力を出し切ってくれた。いまはすっきりした気持ちでいる。

思えば最後の年は、新型コロナウイルス感染症の拡大という未曽有の事態のなかで、難しいことの多い一年だった。春は我が家で預かっていた生徒や、寮で暮らす生徒を自宅に帰し、慣れないオンラインでのミーティングを繰り返した。

御所《ごせ》のラグビーとは何か、なんのためにプレーするのか、頭の整理から入った。しかし、生徒とともに生活しながら成長するという例年のやり方はできなかった。

1年生に基礎的な身のこなしや、プレーを叩き込むことができず、試合経験を積むこともできない。6月から徐々に再開したが、強化の遅れは明らかだった。それでも、全国大会の奈良県予選決勝では、25年連続の対戦となった天理高校に勝つことができ、13回目の花園切符を勝ち取ることができた。

天理に勝ったのは、2020年11月8日。ここから12月27日に開幕する全国大会まではチームがもっとも成長できる時期だ。だが、この期間もいつもとは違った。例年は次年度以降のチームにつなげるために全体のバランスをとってメンバー選考をするが、コロナ禍で体作りに時間をかけられず、多くの選手に試合経験を積ませる時間もなかった。

層を分厚くできていなかったので、全国大会でメンバーを大きく入れ替えながら戦うのが難しいと判断した。そこで、3年生を中心にメンバー編成をすることになった。悲願の初優勝という目標はぶれずに持っていたが、1回戦から決勝戦まで、日本一になるには6試合に勝たなくてはならない。それをどう戦うか、難しい準備になった。

12月5日、全国大会の組み合わせ抽選会が行われた。第100回の記念大会ということで、通常の51校よりも多い63校が出場。例年、シード校は1回戦が免除になるのだが、今年度は春からの試合数が少なかったこともあり、過去9年の各都道府県の成績でシード校を決め、原則として全チームが1回戦から出場することになった。

抽選の結果、御所実業は強いチームの多いブロックに入った。周囲には、「ここを勝ち抜けば力をつけることができる」と笑って話したが、内心は厳しい相手が続くことにプレッシャーを感じていた。

どこかで強いチームと戦わなくてはいけないと思っていたが、1回戦の相手がいきなり報徳学園（兵庫県）である。兵庫県の代表は関西学院だが、報徳学園は近畿の各府県の2位で出場権を争うトーナメントで、京都工学院、天理を倒していた。

主力を温存しながら勝ち進み、強い相手に挑みたいのだが、ベストメンバーで行くしかない。グラウンドも、花園のメインではなく、第2、第3のグラウンドでの戦いになるため、風が強いフィールドでの戦い方をどうするか、相手の分析をしながら準備を進めた。体力の消耗を避けるため、縦のフィールドを3分割し、タッチライン際から約23メートルのスペースで自陣から脱出する方法を練習した。

報徳学園とは因縁がある。第77回大会（1997年度）の2回戦で対戦し、12－23で敗れたことがあるのだ。朝早い時間の試合で雨が降っていた。報徳学園はハーフタイムで着替えるように2枚のジャージを持ってきていたが、御所は一枚しか用意していなかった。

そのため選手の体が冷えてしまって後半の立ち上がりに動きが悪くなった。花園での経験が足りないことを痛感する出来事だった。

チームには、この大会後に高校日本代表に選出される菊谷崇《きくたに》（大阪体育大学→トヨタ自動車ヴェルブリッツ→キヤノンイーグルス）、西辻勤（早稲田大学→リコーブラックラムズ）がおり、2回戦で負けるには惜しいチームだった。

第97回大会（2017年度）でも対戦。我々はシード校で2回戦から登場したのだが、ノーシードだった報徳学園に17－22で敗れた。その後、報徳学園はベスト8に進出している。今回が花園では3度目の対戦だった。

12月28日、第2グラウンド。手強い相手だったが、ディフェンスをしっかりすれば勝てると信じて送り出した。選手たちは冷静に戦い、24－5で勝ってくれた。全員が同じ方向を向いた戦いぶりだった。

全員でともに行動した最後の花園

今大会は、コロナ禍の状況での開催ということで、登録選手30名とスタッフ10名の一チーム40名しか会場入りできなかった。２０２０年度の部員数は86名だ。

僕は教師生活32年の間、常に選手とともに行動し、同じ目線で接してきた。１００名だろうが２００名だろうが一緒に行動する。それが教師としての信条だ。最後までそれをやり遂げたかった。

全部員で12月26日から29日までは学校で合宿し、登録メンバーはそこから花園ラグビー場に向かい、それ以外は学校で練習し、試合の時間になると着替えてコンピューター室で応援をした。ともに試合をしている感覚を共有するためだ。報徳学園に勝利した翌日の29日からは、大阪江坂のホテルに全員で宿泊し、２回戦が行われる30日の朝は、40名は花園へ行き、残りのメンバーは学校に行って練習し、コンピューター室で観戦した。

感染防止対策は徹底させた。マスクを常備し、食事は2メートル以上距離をとる。対面には座らない。手洗い、うがいは頻繁に行い、眠るときは、50畳くらいの部屋を３つ借り、それぞれ学年ごとに少人数に分散して眠った。一人も体調の悪い子は出なかった。それだけ各人や保護者が気をつけた結果だと思う。

12月30日の2回戦は國學院栃木と戦った。両ウイングに、前の大東文化大学ラグビー部監督で、現在はパナソニックワイルドナイツでコーチを務める青柳勝彦さんのご子息がいて、バランスのとれた素晴らしいチームだった。

この試合のポイントは、中盤のミスを減らすために、ボールタッチ回数を減らすことだった。キックを多めに使い、カウンターアタックをどう使うか。本来であれば大きくボールを動かしてディフェンスを崩したいのだが、勝ち抜くためにはダメージを受けずにいかに勝ち上がるかが重要だった。

この試合を12－5という僅差で切り抜けると、2021年1月1日は、東海大相模（神奈川県）と対戦した。相模は神奈川県予選決勝で桐蔭学園と、17－19という接戦を繰り広げるなど、近年めきめきと力をつけているチームだ。この試合は第3グラウンドで行われたこともあって、風が強かった。後半勝負になると考え、コイントスに勝って前半は風下の陣地を選択した。先制トライを奪われたが、なんとか粘り、21－12で勝つことができた。

相模の校長は、東海大仰星高校（現・東海大大阪仰星高校）を全国屈指の強豪校に育てた土井崇司先生だ。土井校長と僕は同じ学年で旧知の間柄である。

試合前の練習のときに挨拶に行ったら「話に来るなよ～」と言われた。「水くさいなぁ、監督じゃなくて校長やろ」、そんな軽口を交わした。ともに戦ってきた指導者と旧交を温めることができるのも花園の楽しみの一つだ。

こうして、なんとかベスト8に進出することができた。ここからは再抽選で組み合わせが決まる。準々決勝の相手は、この大会で優勝することになる桐蔭学園に決まった。

1月3日の第1グラウンドでの第2試合だった。結果から書けば、7－50という完敗だった。基本的なプレーで相手の方が上だったと言わざるを得ない。ブレイクダウン（ボール争奪局面）で強くファイトされ、姿勢を低くすることができなかった。低く強い姿勢でファイトするのが、御所ラグビーの身上なのに、桐蔭学園のサポートの速さ、強さに圧倒されたのだ。

御所の選手は、一日おきのゲームで相手がすべて強かったこともあって、体を休めることができず、動きが悪かった。特に、プロップ小林龍司、ロック中森樹生《じゅい》、フランカー田中俊雄の3名は、昨年の準優勝メンバーだが、怪我を抱えていて完治しないままにプレーしていた。プレーできる範囲ではあったが、怪我を抱えていると鍛え込むことができない。連戦のダメージから動けなくなってしまった。

ただ、コロナ禍のシーズンでは、各チームが鍛え込む時間は少なかったし、主力の怪我なども、どのチームにもある。言い訳はできない。桐蔭学園が「あっぱれ」であった。

試合に敗れ、フィールドから引き揚げてくる選手には、「最後まで、よくやったな」と声をかけた。教師生活最後の花園が終わった。苦しいシーズンの中で最後まで戦ってくれた選手たちを温かく迎えたかった。

僕がこれまでの人生でずっと大事にしていた言葉がある。「恕《じょ》」という一言で、わかり合ったなかでの、おもいやる、ゆるす、という意味を持つ。試合中は選手たちに厳しい言葉を投げかけ続けている。傍から見れば不快に思う人もいるだろう。しかし、これは僕の独特のアプローチで、子供たちを居心地の悪い状態に追い込むことで、成長をうながすようにしている。子供たちが困難な状況から逃げずに、立ち向かっているときに一緒に戦っているつもりだ。

普段の練習試合などで一年を通してやることなのだが、コロナ禍の状況では、そういう部分が出遅れていたため、大会中にいつも以上に大声を出すことになった。無観客だったので声がよく通り、それがテレビの音声に乗って、お叱りも受けた。だが、最後まで選手と一緒に戦うことができた。粉砕され、完敗で終わったのは、自分らしかったのではないかと思っている。

ラグビーを通じた人間教育を目指して

平成元年春、御所工業高校（現・御所実業高校）に赴任した。それ以前に徳島県立池田高校野球部の蔦文也監督、長崎県立国見高校サッカー部の小嶺忠敏監督、鹿児島実業高校サッカー部の松澤隆司監督など、それぞれのスポーツで日本一になった指導者の皆さんと縁があり、勉強させていただいた。皆さんの指導法も参考に、御所では自分なりのチーム作りをしてきた。人もお金もない、グラウンドもないところから始めて、教師として、ラグビー部監督として、仕事に没頭した。ラグビー部員を自宅で預かりもした。

32年間、誰よりも早く学校に行って門を開け、最後に帰る。それだけはやり続けた。生徒に、真剣にやれと言うのであれば、自分が手本となる姿を見せなくてはならない。それが僕の教師生活だった。時間もお金もずいぶんと使ったが、損をしたとはまったく思わない。何歳になっても、家や学校に帰ってきてくれる子供たちがたくさんいる。グラウンドが賑わうのが喜びだ。ことあるごとに、電話やＬＩＮＥで連絡をくれるし、困ったときには相談をしに来る。そのすべてが財産だ。

僕は教師という立場で、ラグビーを通じた人間教育をしてきた。いまの生徒の実態はどうなっているのか。教師たちは、それを本当に考えてアプローチしているのかという疑問がある。

「逃げない、泣かない、すねない、誰かのせいにしない」。そういう人間を作るために、教師としてしなくてはならないことがあると思う。

そんな時間はありません、という教師もいるだろう。だが、僕は3年間言い続けた。当たり前のことを当たり前にする子を、ラグビーを通じて育てたかった。その思いはこれからも変わらない。

教師は自分の専門分野を教えたら終わりではない。教師の皆さんには、人を見抜き、生徒にどんなアプローチをしたらいいかというプロフェッショナルになってほしい。人によってかける言葉も変わるはずだ。表情、表現、態度が、3年後には変わり、つらいのに笑顔でいられる大人になれるように、その場しのぎをする「都合のいい大人」にならないように、どうすればいいのか、教師の皆さんには、もう一度考えてほしい。

スリッパを並べること、挨拶すること、トイレを綺麗にすること、当たり前のことをできる人間が、成長できる大人になれるのではないかと思う。

ラグビーは痛みを知るスポーツだ。失敗も多いスポーツだが、みんなでそれを補う力をつけることができる。そういう人間が、誰かのせいにしない大人になって、人の上に立つリーダーになってくれたら、世の中は少し良くなるのではないか。

教師生活の最後に、僕が実践してきた教育論、ラグビーを通じた人間育成の考え方をまとめてみたい。

「竹田流」人間力の高め方 御所実業高校ラグビー部の挑戦 目次

第7章
人間の偏差値――163

第8章
教育者としての今後――189

表紙デザイン・本文レイアウト:
吉村雄大　鈴木光枝

第1章　ラグビーに魅せられて

四国ラグビー発祥の地「脇町」

僕は、1960年5月、徳島県美馬郡（現在の美馬市穴吹町小島）で生まれた。姉が2人（佳代、仁美）いて、3番目に生まれた長男だった。

脇町《わきまち》高校のある脇町は、徳島県西部、吉野川の中流域に位置する城下町で「うだつ（卯建）」の街並で知られている。

うだつとは、江戸時代、民家の屋根の両側に設置された小さな屋根つきの壁のことで、装飾と防火を兼ねていた。これを設置するには費用がかかるため、うだつを上げられないのは、「出世ができない、身分がぱっとしない」とされた。そこから生まれたのが「うだつが上がらない」という言葉だ。

脇町は四国ラグビー発祥の地で「ラグビータウン」と言われていた。県立脇町中学（現在の脇町高校）のラグビー部は、1934年（昭和9年）1月に開催された全国中等学校蹴球大会（現在の全国高等学校ラグビーフットボール大会）に四国のチームとして初めて出場している。僕の父・竹田喜行《よしゆき》も、1942年1月に開催された大会にフォワードとして出場した。

太平洋戦争が開戦し、このときの大会は関西と九州のチームを分け、別会場でそれぞれ試合を行った。関西大会は、東海、中国、四国地区からも参加して南甲子園運動場で、九州大会は福岡の4校に満州の鞍山中学を加え、福岡の春日原球場で開催。東日本勢の出場はなかった。

脇町中学は1回戦で広島県の崇徳中学に5－3で勝ったが、2回戦で神戸二中（兵庫県立第二神戸中学校）に3－9で敗れている。脇町中学のラグビー部は、慶應義塾大学を卒業した長谷川茂雄先生が創部し、その指導で力をつけた。長谷川先生は四国ラグビーの父である。その後、大阪の淀川工業高校ラグビー部の監督として、同部を強化し、全国大会出場を成し遂げている。

1948年、学制改革により、脇町中学は徳島県立脇町高等学校となった。僕は野球がしたくて、当時「さわやかイレブン」で有名になった池田高校に行きたかった。しかし、父、母（達子）、2人の姉と、全員が脇町高校を卒業していたので他へ行くことは許されなかった。姉の指導もあり、僕も家族と同じ道を歩み、脇町高校に入学することができたのだが、国公立大学を目指す生徒が多い進学校で、先生が勉強しろ、勉強しろと言うのが面白くなかった。

挨拶とか、礼儀を教えるのではなく、国公立に行かせるために厳しく勉強を教えるのだ。賢い生徒が多いので、それほど問題も起こらないのだが、勉強についていくのが精一杯で、努力はしようとしたがどんどん勉強が嫌いになった。だから、あの頃は教師になんて絶対にならないと思っていた。

部活にも入っていなかったのだが、体育の授業がきっかけでラグビーをするようになった。脇町高校はラグビーを推奨しており、唯一の球技大会もラグビーだった。各クラスでチームを作り、自分たちで戦い方を考え、練習して試合に臨む。それが楽しくて、走り回っていたら、部員不足のラグビー部に誘われた。そして、1年生の終わり頃、試合に駆り出された。

誘ってくれたのはラグビー部の美馬浩一監督と、同期の長瀬慶則《よしのり》だ。しつこいくらいに誘ってくれた熱血漢の美馬先生と、「一緒にやろうや」と何度も声をかけてくれた長瀬の存在がなかったら、ラグビー部には入らなかっただろう。2人が、ラグビーにのめり込むきっかけを作ってくれたのだ。

ポジションはロック。ボールを持って走り、ぶつかり、押し合うことが、面白くて仕方がなかった。脇町高校は父が全国大会に出た頃から低迷していたが、僕の学年は優秀な選手が多く、高校2年生のとき、24年ぶりに四国大会で優勝した。普通なら3年生では全国大会出場を目指すところだが、進学校ということもあって2年生の後半になると大半の選手がラグビー部をやめていった。残された3年生は僕も含めて5人ほど。最終学年は全国大会予選の準決勝で貞光工業に敗れて僕の高校ラグビーは終わった。

天理大学ラグビー部での学び

大学でもラグビーを続けることにした。いくつかの大学ラグビー部の関係者が僕のプレーを見ていてくださって声をかけてもらった。体育系の大学へ行きたいと思うようになり、天理大学に進学することになった。

天理大学の藤井主計《かずえ》監督が四国大会でプレーしていた僕を見ていてくださったこともあって、推薦で入学することができた。

当時の天理大学は関西大学Ａリーグでは同志社大学と優勝を争う実力だった。高校時代、ＮＨＫで放送していた同志社大学との試合を見たことがあった。日本代表にも選ばれたことがある中村優《ゆう》さんというウイングに憧れた。この人は京都市役所でプレーされ、京都外大西高校のラグビー部監督になられた。

一学年上で天理大学に進学した人たちも優秀だった。その年の全国高校大会は大阪工大高が優勝したのだが、スクラムハーフの西川広治さん、プロップの紙谷《かみたに》久則さんが天理大学へ進み、目黒高校のキャプテンだった飯田宏一さん、天理高校の小賀野真一キャプテン（故人）ら、高校日本代表クラスの人たちが7名、天理大学に入学した。それもこの大学に興味を持った理由の一つだ。

当時の天理大学ラグビー部は一学年7、8人ほどの少数精鋭で強化しており、練習は厳しかった。藤井監督は天才的な指導者で、選手自身が考えて工夫するように、上手くうながす人だった。単純な動作にも意味があり、考えてプレーしなくてはいけないということを植えつけられた。戦うためのノウハウを身につけ、それをもって考えながら戦うというスタイルだ。

僕が1年生のときのポジションは、セブンエイス。現在はなくなってしまったポジションだ。当時も、スクラムは8人で組むのが基本だったが、7人で組むことも許されていたのである。余った一人が、スタンドオフ、センターのバックスラインと、フルバックの間で自由にプレーすることができた。これを「セブンエイス」と呼んだ。ときには、スクラムの真後ろでボールを受けて走り、スタンドオフの真後ろに立って攻撃に参加するなど自由に動いた。

藤井監督のラグビーは、ディフェンスで粘り、スピーディーに走り回るスタイルで、それを大学時代に体験したのは、いまの御所実業高校のラグビーに影響を与えているかもしれない。

入部当初、印象に残っているのは徳島弁が通じなかったことだ。「せこい」という言葉がある。一般的には「みみっちい」とか、「ずるがしこい」というようなときに使うが、徳島では「苦しい」や、「しんどい」ときに使っていた。「しんどいなあ」というのは、「せこいでわ」と言う。

長時間の練習で「せこい〜」と言ったら、先輩にしばかれた。なぜ怒っているのか、最初は分からなかったのだが、言葉の意味が違っていた。おそらく、「先輩はなぜ一生懸命走らないのですか」と、1年生に文句を言われたと思ったのだろう。

大学1年生で全国大学選手権に出場し、日本体育大学と対戦した。我々の頃は、8チームしか出場できず、関東から4、関西から3（第3代表は、東海・中国・四国代表と決定戦）、九州1という割り振りで出場チームが決まっていた。1回戦で勝てばベスト4に進出し、国立競技場で戦うことができた。

しかし、日本体育大学には6－24で敗れた。僕はナンバー8で出場していたが、相手のフォワード第三列にキャプテンの岩出雅之さん（現・帝京大学ラグビー部監督）がいた。試合中に肩を脱臼されたのだが、その場で治療してプレーを続けた。そして、僕に向かって、「こっちの肩もあるんやぞ」と言ってくる。なんて根性のすわった人だと思った記憶がある。いまでは御所実業の多くの卒業生が帝京大学で学んでおり、僕がもっとも信頼する指導者の一人だ。しかし、当時は怖かった。

大学選手権には4年間に2度出場した。花園ラグビー場の大観衆の前でプレーできたこともとても良い経験だった。

天理大学の同級生に東井和則《とういかずのり》という選手がいた。彼は天理高校出身で、大学生ながら、高校のラグビー部の寮官をしていた。大学生の数人が高校生と同じ寮で生活し、生活指導をし、相談に乗ってやるのだ。僕も大学1、2年生のときは、寮に遊びに行って一緒に食事をし、ラグビー部の監督さんに話を聞かせてもらうこともあり、海外ラグビーの映像を見せてもらったりした。

僕は田舎の高校出身だったので、ラグビーについての知識が乏しかった。知識欲旺盛な時期に海外の試合や、天理大学ＯＢの日本代表フルバック田中伸典《のぶふみ》さんが出ているトヨタ自動車の試合の映像などを見るのは刺激的だった。

天理の高校生が個人練習などで努力している姿を見るのも勉強になった。高校生がこんなに頑張っているのに、大学生の自分が頑張らないでどうすると感じた。大学のチームメートは関西の強豪高校から来ている選手が多かったが、個人練習にも工夫があり、見て学ぶことができた。

聞けばいろいろと教えてくれるのかもしれないが、何もしないで教えてもらうのではなく、自分なりに考えて努力した上で、アドバイスをもらうのとでは違う。そのあたりに気づかせてくれたのも藤井監督だったように思う。

当時の体育会系の運動部は上下関係が厳しかったが、天理大学も同じだった。あまりにも理不尽なことが多く、我々の学年とその上の学年のメンバーで話し合い、悪しき習慣をやめるように働きかけた。同期でそういう行動をとる人がいたら注意した。だから、僕が3年生になると理不尽な上下関係はなくなっていた。その2年後（1984年度）に、天理大学は大学選手権でベスト4に進出した。部内の改革が功を奏した部分もあっただろう。

僕の学年は7人だったが、東井以外は、全員が教師になった。吉田聡《あきら》は大阪府立守口東高校の教師になり、のちの漫才師・中川家にラグビーを指導した。

学生同士で話し合い、勉強し、工夫をしていた。それが、天理大学から多くの指導者が出た要因かもしれない。大阪工大高校を全国レベルの強さに引き上げた荒川博司さん、啓光学園高校を全国高校大会4連覇に導いた記虎敏和さん、天理高校を日本一にした田中克己さんほか名指導者は数え切れないほどだ。

実家に戻るかどうか、卒業後の迷い

体育学部だったので教員免許取得のため、大学4年生のとき教育実習で脇町高校に帰った。生徒数が多い大きな高校だったこともあって、教育実習生も100名近くいた。約一カ月実習期間があったのだが、僕は体育の授業以外は、ラグビー部の朝練習、放課後の練習を指導し、昼もミーティングをするなど、たくさんの時間を使ってラグビー部員に接した。

教育実習以外でも、実家に帰るたびに指導に行き、天理高校の練習を見て、脇町高校に足りないものを注入した。それがうまくチーム力アップに結びついたのかもしれない。久しく全国高校大会に出ていなかったチームは、僕が教育実習に行ったシーズンに全国大会に出ることができた。その年、天理大学は大阪体育大学に敗れ、全国大学選手権の出場権を逃した。時間ができたこともあり、僕は花園ラグビー場で行われる全国大会に出場する脇町高校ラグビー部に帯同した。当時はそれぞれの高校のOBがタッチジャッジをすることになっていたので、それもやった。花園の第2グラウンドで、西陵商業に敗れたが、内容は良かったと記憶している。

しかし、高校の教師になりたいとは思わなかった。この頃は企業でラグビーをしようと考えていたからだ。教員はその後でもできると思っていた。ところが、4年生になったばかりの頃に父が心筋梗塞で倒れたため、家族から実家に帰ってくるように連絡があった。長男としての責任感もあり、僕は実家に戻った。

家にずっといるわけにもいかないので、県立池田高校の講師をしながら寮官もやった。池田高校は野球部が全盛時代で、水野雄仁《かつひと》（卒業後、読売ジャイアンツに入団）らがいた頃だ。

しかし、この生活は3カ月しか続かなかった。このままでは自分の人生は充実したものにならないと感じたからだ。

親の病状が安定してきたこともあって県に退職願いを提出した。そのまま天理大学に帰り、コーチの手伝いをした。まだ現役を続けたかったのでトレーニングを始め、三洋電機の練習にも参加した。しかし、途中採用はしてもらえなかった。

奈良県はその翌年に「わかくさ国体」の開催を控えており、教員を志望する優秀なラグビー選手が採用されていた。徳島県出身で国士舘大学を卒業した森長工《たくみ》、伏見工業高校から日本体育大学へ進み、京都一のワルと言われた山本清悟《しんご》、大阪体育大学卒の東達也、富永忍らがいた。彼らは奈良クラブというクラブチームに所属して練習をしていた。奈良クラブは、1984年から1987年まで関西社会人Aリーグに所属し、トヨタ自動車、神戸製鋼、近鉄などと戦っていた。

彼らは天理大学のグラウンドでも練習しており、彼らと一緒にラグビーをすることに魅力を感じ始めた。そこで奈良クラブに入り、次の年に奈良県の採用試験を受け、奈良県で教員になることになった。

親の病気のことがなかったら、そのまま企業でラグビーをしていたかもしれない、4年生になりたての頃に倒れたので実家に帰る道を選んだ。結局は中途半端な気持ちだったということだ。最終的に下した決断がその後の人生を決定づけた。

鹿児島実業高校サッカー部、松澤隆司監督との出会い

採用試験に合格して、まずは教育委員会の保健体育科に勤務し、国体が終わると、教育

センターの配属になった。一年間勤務した後、県立大淀高校に赴任し、陸上部とサッカー部の顧問の手伝いをした。ここで僕は、教師のノウハウを学んだ。

サッカー部の阿部章監督は、同校を全国ベスト8まで導いた指導者で、全国の指導者が阿部先生を慕ってよく大淀高校を訪れていた。長崎県立国見高校を6度の全国高校選手権優勝に導くことになる小嶺忠敏監督、鹿児島実業高校の松澤隆司監督、岡山作陽高校の木村清監督、中京大中京高校の城山喜代次監督など錚々《そうそう》たる顔ぶれだった。皆さんがサッカー談議や教育論をする酒場によく同席させていただいた。

あるとき、鹿児島実業の松澤先生が僕に尋ねた。

「ラグビーの原則とはなんだ？　サッカーはインテリジェンス、スピード、テクニックだ」

松澤先生の指導されているところを一度見てみたいと思った。その後も僕は奈良クラブでプレーしながら、陸上部やサッカー部のコーチの手伝いをしていた。現役を引退する頃、本格的にラグビーの指導がしたくなり、鹿児島まで松澤先生を訪ねた。

連絡すると、空港まで迎えに来てくださった。最初に連れて行ってくださったのが、知覧だった。第二次世界大戦のとき、特攻隊の若者が片道分の燃料と爆弾を積んで飛び立ったところだ。亡くなった特攻隊員の遺書を知覧特攻平和会館で読ませてもらい、いろんな話を聞かせていただいた。僕を最初に知覧に連れて行ったのは、教育者としての覚悟を教えたかったのではないかと思う。遺書を読んだときは、足がすくんだ。以降、僕は一年に一度、家族を連れて知覧を訪れるようになった。

鹿児島実業は、サッカーだけではなく、剣道など、他のスポーツでも日本一になっていて、良い指導者が集って競争していた。たくさんの指導者と切磋琢磨することの大切さもこのとき感じたことだ。

大淀高校には3年勤務した。阿部先生は北海道の出身だが、天理大学の柔道部OBで、奈良県に残って体育教師になった。サッカーに魅力を感じて監督となり、全国ベスト8までチーム力を引き上げた。阿部先生には、いろんな発想を教えてもらった。一週間のうち六晩くらい一緒に飲んでいた気がする。教師の厳しさ、楽しさ、さまざまなことを学んだ。

阿部先生と、松澤先生に、指導者はいかにあるべきかを教えていただいたのが僕の指導者人生のスタートだった。

ラグビーはミスの多いスポーツだからこそ、助け合い、仲間意識が生まれる。また、気が弱い者が、気を強く見せることができるスポーツでもある。僕は大人しいタイプで、当時、ゲームセンターや喫茶店で大流行した「インベーダーゲーム」もしないし、カラオケを歌うこともなかった。

先輩に「歌え！」と言われると赤面して声も出ない。しかし、試合になると違った。スイッチがオンになると、激しくタックルをすることもできて、感情を思い切りプレーにぶつけることができた。それもラグビーというスポーツの魅力だろう。

ラグビーにはツッパリもいれば、大人しい人、シャイな人もいる。さまざまな性格の人間とつき合いながら、バランスをとる能力が磨けるスポーツだと感じる。

高校の体育の授業でラグビーに出会い、ラグビーを通じて、いろんな人に出会い、さまざまなつながりができ、ラグビーを肴に話ができた。「つながり」もラグビーの良い部分である。教師になってからも、生徒をいろんなものとつなげてあげたいと思って指導してきた。ラグビーを通じて、生徒たちに人間力をつけてあげたい。社会に出て活躍できる人になってほしい。そんな思いを抱きながら。

第2章　指導者としての原点

自分の道を行こう

高校時代の教師を嫌いになり、教師になんて絶対にならないと思ったことは、僕の教育者としての原点だったのかもしれない。

体育の教師を志したのは、ラグビーによって自分が変わっていったことが大きかった。ラグビーをする前は野球や陸上競技をしていたのだが、高校では本格的に打ち込めるものを求めていた。しかし、教師は「勉強しろ」としか言わない。部活動も、誰も推奨しない。人として大切なことは祖母のマスエから教わったように思う。

希望していた池田高校に行かせてくれなかった親への反発、教師への反発が僕を勉強から遠ざけたような気がする。

そこにラグビーという洞穴のようなものがあった。そこには、自分を変えることができる世界があった。何も考えずに相手チームと格闘し、やり切ったときには達成感を得ることができた。親よりも教師よりも親身になって仲間のことを思い戦ううちに、次第に自信がついていった。

高校2年生のとき、親父の弟にあたる叔父から、「人間は一生涯、勉強するか、体を張るか、二つに一つだぞ」と言われた。そのとき、割り切ろう、自分は体を張ろう、ラグビーで大学に行こうと考えた。

教師を憎むのではなく、自分の道を行こう、そう思ったのだ。しかし、身近にいた教師は、スポーツ推薦のことを知らなかった。ある日の家庭訪問で、「このままでは、大学に入れませんよ」と言われた。

「ラグビーで大学に行きます」と僕は宣言した。

「そんなもの、入れませんよ。知りません」

何度もラグビーで大学に行くと言ったが、聞き入れてもらえなかった。生徒が目標を持って、そこに向かうと言っているのに、なぜそんな言い方になるのか。ケンカになった。ラグビーで自信をつけたからこそ、自分の考えを先生にぶつけることができた。

こっちは落ちこぼれ軍団だが、意地でも大学に合格してやろうと思った。ラグビーに出合っていなかったら、ただ、教師が嫌いなだけで卒業していただろう。

いくつかの大学を受験し、最終的には推薦で天理大学に入学することになった。

大学の4年間、練習が休みになると母校に帰ってラグビー部の練習に参加し、逆に脇町高校ラグビー部を呼んで天理で合宿をしてもらった。

教育実習に行き、そのときの生徒たちが全国大会に出場した。教えたことが少しでも役に立った喜びがあった。教師になりたいという気持ちが芽生えた。

ただし、第1章でも書いた通り、本格的に指導者としてやっていこうと思ったのは、大淀高校で阿部章先生に出会ってからだ。

ラグビー部員2名からの出発

平成元年春、僕は奈良県立御所工業高校に赴任することになった。

御所市は奈良盆地西南部に位置している。東北は大和高田市、橿原市、東は高市郡、吉野郡、南は五條市、西は大阪府、北は北葛城郡に接している。御所市は古代の葛城の地でもあり、「古事記」「日本書紀」「万葉集」記載の地名が多い。僕が赴任した当時の人口は、約3万6000人（現在は、約2万5000人）だった。

御所市のホームページにしたがって書いてみたが、僕は、赴任するまで御所市には一度も足を運んだことがなかった。

僕が赴任する前の御所工業高校は御所市役所の近くにあったのだが、平成元年から玉手という土地に移転になった。新しい校舎の周囲は見渡す限り田んぼと池しかない。ＪＲも一時間に一本しか通らなかった。

しかし、どこに赴任しようと、ラグビーを指導できることが嬉しかった。これでラグビーを教えている同期の指導者たちの仲間入りができる。さあ、生徒と一緒に成長するぞと、希望と自信に満ちあふれていた。赴任する場所がどんな場所であっても、何が起ころうと、純粋にやり遂げようと思っていた。

この頃の御所工業高校の近くには、2つの公立高校があった。御所東高校と御所高校（現・御所青翔高校）だ。２００７年（平成19年）4月に御所工業と御所東が統合され御所実業になるのだが、約一キロ圏内に3つの高校があることに最初は驚いた。御所市は薬の製造・販売を地場産業としているため、御所工業には全国的にも珍しい薬品科学科があり、全国から生徒を募っていた。

ラグビー部の指導に胸躍らせてはいたものの、御所工業高校ラグビー部は5年ほど公式戦に出ていなかった。部員は3年生が2人だ。吉川延弘と田中英樹。田中は生徒会長で、吉川もクラス委員をやるような真面目な生徒だった。2人とも高校からラグビーを始めていた。初めて部室を訪れたとき、2人はゴムボールの上に座っていた。

「きょう赴任してきた竹田です。頑張ろうな。部員集めからやろうや」

そう挨拶した。2人とも黙ってついてきてくれた。ラグビーが大好きな2人だった。その頃は僕もまだ体が動いたので、一緒に練習した。

御所工業のラグビー部は、部員が多い時期もあった。僕が大学生の頃、御所工業のラグビー部が試合をしているのを見たことがある。キックオフで5人くらいの選手が一斉に相手選手に飛び蹴りして没収試合になっていた。

何か理由があったのだろうが、強烈に印象に残っている。以前、学校が荒れている時代があり、ラグビー部員も校則に違反しては謹慎になり、そのたびに部活動も停止になっていたようだ。その繰り返しでは部員も減るだろう。

しかし、悪いことをするたびに謹慎処分にしているだけでは、生徒の素行が改善されるはずがない。僕は生徒を許す心を持ち、彼らと同じ目線に立ち、リスペクトして接することから始めることにした。

部員集めは体育の授業を活用した。自分の受け持つクラスだけでは足りない。他の先生に声をかけ、できるだけ1年生の体育の授業に行かせてもらうようにした。

生徒をじっくり観察し、体が大きいか、大きくなりそうな生徒、運動能力の高い生徒をピックアップしていった。全クラスを見て回って20名くらいだった。

それぞれ説得して回り、18名が入部してくれた。そのうちの一人が入部早々ケンカでスコップを持ち出し、謹慎になった。僕は逆に頼もしいと思った。この他に3名、運動能力の高い生徒がいたので、なんとか入ってもらおうと、毎朝7時に家に行って挨拶をしていたら、3日目に警察が来ていた。もう来ないでください、という意味だ。これはいけないと思って行くのをやめた。

それほど熱心に部員集めをしたのには理由がある。赴任した当初、奈良県の高校ラグビー部の顧問が集まる会議があった。参加して、全国大会出場を狙っていると話すと、大学の先輩に「お前、部員2人で本気で花園を狙っているのか?」と笑われた。悔しくて、「いけませんか」と突っかかった。「なめとんのか！　そんな甘くないわ」とも言われた。

この先輩の言うことも、もっともなのだ。当時の奈良県では天理高校が圧倒的に強かった。1989年度は全国制覇、1990年度は全国準優勝という全国レベルでも最強の時代である。立派な寮があり、栄養士が食事の管理をし、広いグラウンドで大勢のコーチに見守られて練習する。部員不足に苦しむ公立高校からすれば、とても追いつけないような環境があった。

だから、他校の顧問の先生たちは勝負をあきらめてしまうのだ。僕は大淀高校で日本のトップレベルのスポーツ指導者にたくさん出会うことができた。みんなあふれるような情熱があった。僕も燃えていた。勝負をしないで、あきらめることはできなかった。

「そうなんですか、素人が花園を目指したらいけないんですか」

無性に腹が立って、ケンカ腰になった。このとき、僕は初めて本気になったのかもしれない。学校に戻ると、すぐに勧誘を始めた。入学式後、一週間以内に絶対に20名は集めてやると心に決めた。結局、18名だったが、上出来だったと思う。

やんちゃな生徒にこそ、声をかける

僕は生徒指導部にいたのだが、謹慎処分になるような悪いことをした生徒がいたら、謹慎にせず、ラグビーの練習をやらせた。謹慎にすると家で遊んでしまう。処分の仕方は学校に来るようにした方がいいと思ったのだ。これは効果があり、謹慎処分になるような生徒は減っていった。よほど練習がきつかったのかもしれない。

ラグビー部の勧誘だけをしていたわけではない。僕は悪そうな、やんちゃな生徒にこそ声をかけた。高校時代、頭の良い生徒に声をかけ、落ちこぼれには見向きもしない先生を見ていて嫌いだったからだ。

悪ぶっている生徒というのは、何か自分の気持ちを表現しようとしているものだ。そういう子にこそ声をかける。理不尽なケンカをしている生徒を見つけると、体育館に連れて行って本気でぶつかり合った。何時間も続けたこともある。

叱られているだけでは嫌だろうと思って、「殴らせてやる」と言ったら本当に殴られて歯が折れたこともある。荒っぽいが、腹を割って気持ちをぶつけ合うことで分かり合えた。

そういう生徒は、それまでは教師に関心を持ってもらえなかったのだろう。教師と腹を割って話をしたことがないのだ。僕は高校時代に美馬浩一先生と友人のおかげで目標が持てたが、目の前には、目標も夢もなく高校3年間を過ごす生徒の姿があった。

教師の立場として、3年間何か打ち込めるものを見つけてあげたいと思った。どうして、この子たちはこんなに歪んだのか、ものの言い方、風体も、人としてダメなことだらけ。それがなぜなのかを紐解きたかった。それが彼らに関わろうとする根底にあった気持ちだ。

担任ではないクラスも気にかけ、やんちゃな生徒の話を常に聞くようにした。朝の挨拶も、やんちゃな子に対して率先して、「おはよう」と声をかける。声をかければ向こうも反応する。すると、他の生徒たちはそこから距離をとった。遠巻きに見ているような感じだ。それでも、やんちゃな生徒に声をかけ続けた。時間はかかったが、次第に人に言えないような話もしてくれるようになった。

そういう生徒は中学の頃に先生に相手にされず、悪いことをすると警察を呼ばれるようなことが多かったようだ。だから、大人に対して、社会に対して、卑屈になってしまっているのだ。教師として、3年間でその卑屈さだけは取り除いて卒業させてやりたいと思うようになった。

彼らが卒業した後のことを想像してみると、生活するための報酬を得ることだけを目的に仕事をするのは、この生徒たちには無理だった。辛抱できなくなるだろう。そうではなく、自分のやりたい仕事を見つけ、こいつと仕事をしたいとか、そういう仲間意識を持たせることが必要だと考えた。

やんちゃな生徒は、この仲間意識だけは強かった。それがチーム作りのヒントにもなった。

ラグビー部員との「挨拶運動」を始めた。授業の前の朝練習では、大きな声で「おはようございます」と挨拶する。それを徹底したのだ。練習の前に一人ずつグラウンドの真ん中に行き、自己紹介をする。

「何年何組、○○、おはようございます！　では、歌います！」

最初に挨拶さえすれば、その後は何を言ってもいい。面白いことをするやつは、どこにでもいるものだ。変な声を出す生徒もいた。横で練習する野球部員が笑って見ていた。

僕も一緒になってやった。自分も一緒になって恥をかくことが大事なのだ。まだ部員を集めて練習を始めたばかりだったが、やっとラグビーが真剣にできるありがたさ、教え子を持つことができた喜びを純粋に感じていた。

絆を深めた校内秘密合宿

部員の人数も揃い、本格的にチーム作りを始めるわけだが、強いチームになるために足りないものがあると感じていた。このまま練習しているだけでは、この子たちは僕に何も打ち明けてくれない。信用してくれない。

どうすれば信用してもらえるのか。共通の理解のもとでチーム作りをするために、僕は選手たちと秘密を共有することにした。

ある日、部員たちに「明日、毛布とお米5合を持ってこい」と告げた。

知人におかずを買ってきてもらって、ラグビー部の練習が終わると、僕のクラスの教室に集まり、ダンボールを敷き、泊まる用意を始める。教室の明かりが外に漏れないように、窓ガラスに新聞紙を貼った。

ご飯は炊けたのだが、味噌汁を作るのは初めてで、わかめを洗わずに入れてしまい、ものすごくしょっぱくなった。それも、みんな我慢して飲んでくれた。

その後は、みんなでラグビーの話をして過ごした。朝5時に起きると、綺麗に片づけ、何事もなかったように朝練習をする。

誰にも言わない、僕と生徒だけの秘密の合宿だった。週に一度、そんなことを繰り返した。そこでは、学校では見られない生徒の素顔を見ることができた。

「こんなんバレたら、先生、怒られるんじゃないですか？」

心配してくれる生徒もいた。秘密合宿を繰り返すうち、部員が学校では僕と話をしなくなった。

「なんで、話をしないんだ」

「話していて、秘密がバレたらいけないと思って」

みんなで僕を守ろうとしてくれていたのだ。もちろん、保護者の皆さんには事前に許可をとっていた。ラグビーのルールも教えたい、勉強もさせたい、週半ばの疲れてくる時期に栄養もとらせたい、いろんな理由を説明し、保護者の皆さんには理解してもらった。

2カ月、3カ月を経て、人間同士の理解が深まり、チームは結束していった。すると、選手から「試合がしたい」という声が上がり始めた。

予測していたので、準備はしていた。大学の先輩で、郡山東中学校ラグビー部を率いて天理中学を破り、奈良で優勝させた指導者、仲川隆章先生がいる。

郡山東中は、体は小さいがラグビーが上手いチームだった。仲川先生にお願いして、試合を組んでもらった。案の定、負けた。

僕が集めた生徒はみんな体が大きかった。身長は、平均で175センチ以上あり、体重も100キロくらい。いかつい生徒ばかりだ。そんな高校生が、小さな中学生に負けたのだ。

どんな反応をするか観察していたのだが、悔しがってはいても、泣くこともなく、みんな淡々と帰る支度をしていた。

「さあ、帰ろう」と言って電車に乗る。みんな黙っている。しばらくしたら、泣き始めた。

「先生、もういっぺんあのチームと試合をしたいです。ちゃんと練習するから、勝てるようにしてください」

それからは、朝練習も真剣にやるようになった。

選手を集める段階で、僕の頭にあったラグビーのプレーは、「モール」だった。ボールを持った選手の周りに数名の選手がスクラムのように塊になって押し込んでいくプレーだ。目標とする天理高校はスピーディーにグラウンドを走り回るプレースタイルだった。そんなチームに対抗するには、ボールをあまり動かすことなくモールで前進するのが有効だと考えていた。

「からんだ」

これがキーワードだった。ボールを持っている相手を捕まえた選手が、ボールに手をかけ、「からんだ」と言うと、みんなが集まって押し始める。

当時のルールでは、モールからボールが出ないときは押し込んでいるチームのスクラムで再開されることになっていた。だから、相手がボールを出せないように「からむ」、そして、がむしゃらに押し込むのだ。

ただし、「からんだ」と言ってみんなが集まってきたのに、もし相手にボールを出されたらトライされてしまう。「からんだ」という言葉には、大きな責任がともなう。からんだ選手にその重さを感じさせるようにした。

マニュアルに頼らない指導

練習場は、学校のグラウンドがメインだったが、野球部との共用のため、大きなスペースは使えなかった。そこで、他に使えるグラウンドはないかと探したところ、学校から500メートルほど離れたところにある御所市のグラウンドを借りて練習することができるようになった。

最初の3カ月の練習は、部員がルールを何も知らないので、ボールを持って走る基本や、基礎的な練習を繰り返した。最終的にモールをやりたかったので、「グラウンドに倒れるのはダメ」と決め、柔道部に行って受け身の練習をし、倒れてもすぐに起き上がるようにし、相撲部では相手とぶつかる基礎訓練で体幹を鍛え、コンタクトに強い体作りをした。

御所工業高校の相撲部は強く、そこで稽古するうちに相撲の方が強くなって全国大会に出た選手もいる。創部当時のメンバーで、長らく僕を補佐してコーチを務めてくれている現在の部長、中谷圭《きよし》も相撲の全国大会でメダルをもらっているほどだ。

練習方法のノウハウなどのマニュアルは読まないようにした。誰かのまねをしたら、ぜったいに勝てないと思ったからだ。

ただ、東大阪市花園ラグビー場での全国高校大会は見に行って、いろんな高校チームの試合前練習を見学した。その練習がどう得点につながっているか、あるいはつながっていないのか。自分なりに考え、御所の生徒たちに合ったオリジナリティーのあるチームを作ろうとした。誰かに教えられたことを、そのまま教えるのではなく、生徒の能力や性格、練習環境などの実態に合わせて、どうすれば上手くなるかを考えるように意識した。

天理高校は常に日本一を狙う実力があった。奈良県内の試合では、いつも50点差以上をつけて勝っていた。

多くのチームがそれで仕方ないと思っていたような気がする。前後半30分ずつ、ずっと天理が攻めているなら、点差が開くのは当然のことだ。しかし、こちらが30分ボールを持ち続けることができたらロースコアの勝負ができるはずである。だからこその、モールを使う発想だった。

前述の中谷は、最初に集めた18人の一人だ。奈良市立都南中学校を卒業して御所に来た。それこそ窓ガラスが一枚もないような、やんちゃな学校だった。

中谷はそこで番長をやるようなやんちゃな男だったが、男気があって、僕の言うことには聞く耳を持ってくれた。中谷も体は大きかったが、もっと大きな子もいた。そんな子ばかりを集めて、モールを教えていった。

常に立って固まり、倒れてもすぐ起きる。それはどんな素人でもできる。言葉も大事で、僕は「からんだ」という言葉しか教えなかった。

指導を始めた最初のシーズンの冬、初めて公式戦に出て、初めて奈良県立志貴高校に勝った。志貴高校には中学時代にラグビー部だった生徒も多かったが、なんとか勝つことができた。練習したことを出せた喜びがあった。

赴任当初、2人だけだった3年生が嬉しくて泣いていた。そのほかの部員も、保護者も大喜びしていた。

この勝利の尊さは、これまで仲間と協力して何かを達成するという経験を一度もしていない子たちが、その経験をしたことにある。

この一勝はチームを次の段階に一歩進めてくれた忘れられない思い出だ。これまで差し入れを一度もしてくれなかった親御さんが差し入れをしてくれた。子供の部活動に無関心

御所の生徒たちに合ったオリジナリティーのあるチーム作りに奔走した32年の教師人生。
誰かに教えられたことを、そのまま教えるのではなく、生徒の能力や性格、
練習環境などの実態に合わせて、どうすれば上手くなるかを常に考え続けた

だった保護者の皆さんが応援してくれるようになったのだ。

周囲のラグビー部を見る目が少しずつ変わっていった。特に学校の教師、地域の人が変わっていったように思う。

希望に燃えて突っ走った一年目のシーズンは、初勝利の後、天理高校第二部に敗れて終わった。

第3章　御所ラグビーフェスティバル

不慮の事故

御所工業高校ラグビー部の指導を始めた初年度の部員数は、3年生2人、2年生一人、1年生18人、これに加えて助っ人のような形で、3年生7人くらいが手伝ってくれた。

2年目の春は、18人が2年生になり、部から離れていた2年生の一人も戻ってきた。そして、新1年生が13名入部してきてくれた。ようやく、30名以上の体制となり、2年目のシーズンがスタートした。

一年目は基礎体力をつけることと、部員間の信頼関係作りに力を入れ、ゲーム運びの基礎を叩き込んだ。

トレーニングの時間も工夫した。高校生のラグビーは原則として前後半30分ずつ、ハーフタイムが5分だ。これと同じ流れで、30分トレーニングして、5分休憩し、また30分トレーニングする。その30分については動き続け、笛が鳴ると、モール、ラック、あるいはタックルと、試合をイメージして反応する。

基礎体力作りで一つ例をあげれば、グラウンドの横に土を盛って坂を作り、走り下る練習をした。走るのが遅い選手が多かったので、足の回転数を速くするためだ。他にも陸上競技でやるようなハードル練習を取り入れ、よく走った。

試合中に不幸な出来事が起きたのは、5月の連休中にあった練習試合でのことだ。一年目の全国大会予選2回戦で敗れた天理高校第二部とどれくらいの実力差があるのか、あの試合から約半年の練習で差は詰まっているのかどうか、今後の練習計画のためにも力を試したかったので試合を組んだ。

その試合中にスクラムが崩れ、2年生部員の北島弘元《ひろもと》が頸椎捻挫の重傷を負った。北島は奈良県の桜井市というところから自転車で一時間ほどかけて通学していた生徒だ。僕が一年目に勧誘し、入部してもらった部員の一人だった。

入学当初は身長181センチ、体重125キロという大きな体格だった。それが自転車の通学とラグビーの練習で脂肪がそぎ落とされ、一年目の夏には体重が80キロ台にまで減った。そこから筋肉がついて冬には90キロを超えていた。

器用な選手ではなかったが、一年かけてしっかりとした体を作り、これからラグビーが楽しくなってくる矢先のことだった。

北島は背番号1の左プロップ。試合の終盤にスクラムが崩れ、北島が倒れたまま起き上がらなくなった。初めてのスクラムトライを決めることができて、「良くやった」と褒めた直後のことだった。僕はタッチライン際にいたので、すぐにグラウンドに入った。「痛い、痛い」と言っている。意識はあって、目も動き、痛いという意思表示はしているのだが、手足が動かなかった。

すぐに救急車を呼んだ。後のことは顧問の先生に任せ、つき添って病院に向かった。医師の診断は、第六頸椎損傷というものだった。説明では、頸椎と頸椎の間には神経があり、そこが屈折して切れてしまうと神経がもとに戻ることはないという。手術が行われ、一カ月は集中治療室で過ごし、その後一般病棟に移った。

北島が怪我をした日から、ラグビー部は活動休止となった。部員たちは一般病棟に移った北島を毎日のように見舞い、回復を願った。

意識はあり、話すこともできた。リハビリをすれば再び体が動く可能性もあった。そのリハビリに入るまで、僕も部員たちも、見舞いに行くたびに動かなくなった足をさすり、曲げ伸ばしした。筋肉が固まらないようにするためだ。その手足が再び動き出してほしいと願い続けた。

北島の復帰を一心に祈った。無心にやれば願いがかなうという「回廊拭き」を、ズボンの膝が擦り切れるまでやった。膝に血がにじむ。そのとき、天理教のうたが聞こえてきた。「なんぼ信心したとて心得違いはならんぞえ」。心得違いの信心は意味がないということだ。涙があふれ、そのうたが耳から離れなかった。しかし、みんなの願いもむなしく、2カ月後、北島は呼吸不全で亡くなった。平成2年7月23日のことだった。

涙が止まらなかった。もし、時間を戻せるのであれば、押し合いのないスクラムで試合をすれば良かった。だが、現在では安全対策として採用されている1・5メートル以上は押せないルールもなく、高校生も全力でスクラムを組む時代だった。

指導者として責任を痛感した。このままラグビー部の指導を続けることはできない。教師生活にも終止符を打つべきだと思った。辞表を書く意向を校長に伝えた。

部員たちと葬儀に参列し、四十九日の法要が終わった。ラグビー部の自粛期間は続いていたが、部員たちはラグビーがしたいと思っていた。活動が再開されないので、イライラも募っていた。僕が学校をやめようとしていることにも気がついていたようだ。

「先生は嘘つきか！」

「花園行くって言ったんちゃうんか！」

投げかけられた言葉が胸に突き刺さった。北島のお父さんは、息子さんを亡くしたにもかかわらず、ラグビー部が活動していないことを気にかけ、教育委員会に活動再開を働きかけてくださった。他の保護者の皆さんも一緒になって嘆願書を提出するなど、懸命に動いてくださった。

「息子のためにもラグビーをしてください」

お父さんの言葉にどれだけ救われたか分からない。部員たちは、いつか練習が再開されると信じて、ひそかに練習をしていたようだ。誰に指示されたわけでもなく、主体的に校内の草ひきや、トイレ掃除、学校周辺のごみ拾いをしている部員もいた。そのひたむきな姿には勇気をもらった。

しかし、僕は悩んでいた。部員たちの声も聞いた。お父さんも続けてくれと言っている。でも、もしまた負傷者が出てしまったらどうするのか。僕が彼をラグビーに誘わなければ、こんなことにならなかったのだ。指導に対する自信を完全に失っていた。

そんなとき、近鉄ラグビー部のOBで、元日本代表のスクラムハーフ大久保吉則さんを訪ねた。奈良クラブでプレーした時代に指導を受けたことがあり、何かと相談に乗ってもらっていた。

大久保さんは僕のことを心配し、教師をやめて、社会人チームでプレーする選択肢を提案してくださった。ありがたい話で、その言葉に甘えれば、プレーに没頭することができたかもしれない。

しかし、それはできない。北島のお父さんが強い口調で校長にラグビー部の活動再開を依頼する姿を見た。自分が逃げるわけにはいかないと思った。

再びラグビーの指導へ

さまざまな手続きが一段落した11月、12月は休暇をとって学校から離れた。今後、自分はどうすべきかを考える時間が流れた。

ラグビー部がどうなってしまうのか、自分はどうするのか、結論は出ていなかったが、じっとしていても仕方がない。バスの運転ができる大型免許を取得するために教習所に通うことにした。活動が再開されたときのために準備をしておきたかったのだ。バスの免許があれば、選手たちを試合や合宿に連れて行くことができる。

周囲の皆さんの尽力により、年明けからラグビー部は活動が認められるようになった。僕も覚悟を決めた。

「俺でいいのか？」

改めて部員たちに確認した。

「いいよ。花園に行こうって言うたやん」

待っていた生徒たちは「北島のために」と練習に励んでくれた。何よりも感心したのは、選手たちの体力が衰えていなかったことだ。みんな、自主的にしっかりトレーニングしてくれていたのだ。

北島のこともあり、再開後のトレーニングでは、より入念に首を鍛えた。レスリング選手の友人がいたので、彼の指導でブリッジなど首の柔軟性と強化を図った。立ってプレーする意識をさらに高く植えつけるため、モールにも磨きをかけた。時間をかけて押すモール、攻めるスペースを作るためのモール、他のチームとは違ったモールの組み方を考え、練習を繰り返した。

同じ奈良県の指導者仲間も助けてくれた。同期の森長工、山本清悟、富永忍、東達也らがラグビー部の監督を務める高校で、合同練習や試合ができるように声をかけてくれた。

奈良県の顧問会議で、「部員2人で全国大会を狙うのか」と言われて本気になった。選手と同じ目線に立とうと秘密合宿などを行い、生徒と僕が同じ環境で過ごすことで絆を深めてきた。北島が亡くなったことによって、その絆はさらに深まった。尊い命を失って初めて気がついたことも多かった。

特に体作りと基本練習の重要性であり、束ねる力、チームワーク、崩れない信頼関係を作ることの大切さだ。

2月の近畿大会奈良県予選は、新調した黒のジャージで臨んだ。ジャージの左腕には、喪に服すために白のラインを入れた。それは、花園出場という北島との誓いでもあった。天理教校附属、畝傍高校を破り、決勝は天理高校と対戦した。

選手たちは北島と一緒に戦った。ブランクを感じさせないプレーで奮闘し、ペナルティゴールが入れば勝利という僅差勝負を繰り広げた。9－10という惜敗でノーサイドの笛が鳴った。悔しがって泣いている生徒たちの姿を忘れることはできない。

この短い時間で結束するチームワークとはなんなのか、束ねる力とはなんなのか、生徒に教えられる日々だった。北島と同級生の学年は卒業しても、私を守り、チームを守り続けてくれている。心から感謝している。

追悼ラグビーフェスティバル

北島弘元が亡くなった翌年の平成3年夏、追悼ラグビーフェスティバルを始めることにした。ラグビー部の強化の礎にしたいと思い、御所市朝町の市民運動公園グラウンドにその頃関係の深かった7校に来てもらって交流試合をした。

フェスティバルの開催には、地元の皆さんの協力があった。ラグビー部員の保護者の一人で御所市民の辻川一郎さんたちが動いてくれて、地域の皆さんに助けてもらいながら宣伝ができる雰囲気作りをすることができた。

学校のグラウンドではなく、市民運動公園グラウンドで開催したのには意味がある。北島という生徒がいたことを後世に残したいのが一つ。もう一つは、当初から御所市の芳本《よしもと》甚二《かんじ》市長と御所をラグビーの町にしたいという話をしており、市民であれば安価で借りることのできる朝町のグラウンドを使うことにしたのだ。芳本市長は畝傍高校でラグビーを経験していて、ラグビー部の活動に理解を示してくれた。

フェスティバルの開催にはさまざまな効果があった。一つの場所に集まって合宿し、試合をすることで、いろんなものが見えてくる。それぞれのチームの練習法や、マナーなどだ。御所のラグビー部はホスト役として、試合をしながら運営にあたった。

2007年あたりだったろうか、チーム数が増えて運営に手が回らなくなり、御所の部員は運営に徹することにした。

約一週間、運営に徹するというのはラグビー部の強化の上ではマイナスに感じるかもしれないが、僕は、そのことが生徒たちの成長につながると感じていた。

ラグビーのプレーだけを学んで卒業すれば、試合をするために多くの人の力があることに気づかないまま大人になってしまう。そのことを知って感謝の気持ちを持って卒業してほしかった。

できれば、そこに地域の人たちも巻き込みたいと思い、芳本市長に相談したことがある。

御所市在住の生徒も多かったので、保護者や商工会の皆さんに徐々に関わってもらうようにして、多くの人に見守ってもらえるフェスティバルを目指した。

学校から朝町のグラウンドまでは、約6キロある。ここを部員みんなで走っていくと、途中で多くの人に出会う。学校にいるだけでは出会わない人たちだ。

挨拶をし、ごみが落ちていれば拾って帰ってくる。そんなことを繰り返しているうちに、近所の人たちがフェスティバルのために、きゅうりやトマト、おにぎりを差し入れてくれるようになった。畑仕事をやめていた人たちが、再び畑を耕し、田んぼで米を作り、高校生のサポートをしてくれるようになったのだ。

市議会議員の先生や、市長に話をしてもらい、毎日放送の赤木誠アナウンサーに場内実況を依頼し、歌手の渡瀬あつ子さんを招き、ラグビー応援歌の「楕円櫻」を歌ってもらった。吉本興業の新人の芸人さんに来てもらったこともある。皆さん、快く引き受けてくださった。そうやってフェスティバルを応援してくれる人が増え、毎年、盛大に開催できるようになった。

地域の住民に見守られる存在に

学校から朝町のグラウンドに行く間にコンビニエンスストアがある。フェスティバル期間中は大勢の選手が集まるので、会場のトイレだけでは足りず、トイレを貸していただくことも多い。汚しているのではないかとお店に立ち寄り、たくさんの買い物をすることもある。

「トイレはいつもより汚れますけど、お店の物がすべてなくなるくらい買ってくれますから、いいですわ（笑）」

約一週間、多くの学校が訪れるので、選手、関係者、保護者、観客などを合計すると、一万人に及ぶこともある。人口2万人台の御所市ではなかなか集まらない数字だ。

生徒にも良い影響があった。運営する側に回り、試合に出られない選手の気持ちが分かるようになり、ファーストジャージを着ることの責任を感じるようになった。一軍の黒のジャージが大事なものになっていったのだ。

フェスティバルを運営することで、「御所」というブランドを大事にすることを目指したのだが、レギュラーのメンバーではなくても、部員の一人としてリスペクトできる、そういう礎になった。

地域の人たちとの交流を深めることにより、御所工業のラグビー部は地元ではよく知られる存在になった。そうなると、良いことも悪いことも、学校にすぐに連絡が来るようになる。これは、地域の人に見守られ、育ててもらっているということだ。フェスティバルを継続することで、生徒たちが地域の人にも感謝の気持ちを抱くことができるようになった。

いろんなことが学校とグラウンドの往復の中では起こる。自家用車が脱輪していて、その人を助けるために練習に遅れてしまう部員もいたし、倒れ込んでいたおばあさんをおんぶして、家まで連れて帰ってあげた部員もいた。

こうした行動がグラウンドでラグビーをプレーすることにつながっていくということは分かっていたのだが、なかなか生徒に理解させることができなかった。それが、フェスティバルによって自然な形で部員に浸透していった。

フェスティバルの名称変更、地元の活性化

15年ほど経ったとき、北島のお父さんから「追悼ラグビーフェスティバルを、もうやめてくれませんか」という話があった。

始めたばかりの頃は、遺影を持って参加し、みんなの前で話をしてくださったこともある。その後、気にはかけていただいたが、仕事の忙しい時期と重なって参加できないなど少しずつ距離ができていた。

弘元には2人の弟と、彼が亡くなってから生まれた妹があり、三男の範和は平成9年に御所工業高校に入学し、ラグビー部に3年間所属した。お父さんにすれば、いつまでも息子のためのフェスティバルというのも気が重かったのかもしれない。僕は申し出を受け、「御所ラグビーフェスティバル」と名前を変えた。

２０１５年（平成27年）、朝町の御所市民運動公園グラウンドは人工芝になった。御所市の東川《ひがしがわ》裕《ゆたか》市長（平成20年6月〜）から、「御所という漢字を、『ごせ』と読めるようにしたい。町おこしを一緒にやっていきましょう」という話をしていただき、東川さんが人

工芝化を発案した。

東川市長は関西学院大学のアメリカンフットボール部出身で団体スポーツに興味を持ってくださった。御所をラグビータウンにしようという方向に大きく動き出したわけだ。

「御所ラグビーフェスティバル２０１５」には、東海大仰星、大阪桐蔭、常翔啓光学園、大阪朝鮮高級学校、京都成章、東京、中部大春日丘、石見智翠館、長崎南山など、全国の強豪高校を含む32校が参加してくれた。

7月27日までの一週間、連日朝から夕方まで20分の試合を次々に行った。朝町と学校のグラウンドしかなく、暑いなかでの開催なので短時間で休憩を入れながら実施することが必要だった。

レフリーは沖縄や北海道からも来てくださった。人工芝になる前から、のちにトップレフリーになる久保修平さん、加藤真也さんたちも来てくれるなど、レフリーの皆さんにとっても研鑽を積む場になっていた。

21日のオープニングセレモニーには、奈良県議会議員の川口正志《しょうし》さん、御所市の東川市長、市議会議員の先生方、教育長などが列席してくださった。公立高校として、地域一体型のモデルになっていければという思いがあった。行政と学校が一体となって地元を活性化していくのだ。

人工芝グラウンド完成記念試合では、御所実業高校のAチームと、OBのドリームチームを編成して20分一本勝負で試合をしてもらった。

当時、トップリーグのキヤノンイーグルスにいた菊谷崇、東芝ブレイブルーパスのキャプテンを務めていた森田佳寿《よしかず》たちが出場し、レフリーは日本ラグビー協会レフリー委員会の岸川剛之《たけゆき》委員長という豪華な顔ぶれだった。その後は、ラグビークリニック、サイン会とOBたちもフル回転で盛り上げてくれた。

この年は初めての試みとして前夜祭も開催。御所市のアザレアホールで保護者、関係者、OB約300名を集めてトークショーを行った。菊谷、森田ほか、現役のトップリーガーや社会人チームのOBが集い、大いに盛り上がった。

トークショーに参加したOBは、森功至《こうじ》（クボタスピアーズ）、西村渉《わたる》（NTTコミュニケーションズシャイニングアークス）、竹田宜純《よしずみ》（トヨタ自動車ヴェルブリッツ）、梶伊織（パナソニックワイルドナイツ）、小西大輔、川瀬幸輝（ともにホンダヒート）、岸和田玲央《れお》（サントリーサンゴリアス、引退）、芝本裕吏《ゆうじ》、大庭侑馬、竹井勝彦（いずれも三菱重工相模原ダイナボアーズ）。

友情出演が新田浩一（東海大仰星高校→東海大学→サントリー、引退）、金正奎《しょうけい》（常翔啓光学園高校→早稲田大学→NTTコミュニケーションズシャイニングアークス）。

これだけのOBがトップレベルで活躍し、ことあるごとに戻って来てくれるのは嬉しい限りだ。菊谷、森田のトークイベントでは、2人とも「御所フェスティバルで鍛えられた」と語ってくれた。また、菊谷が高校時代の思い出のなかで、「ボールの方へ走るな。逆に走って待っておけ」と指導されたという話も披露してくれた。

竹井と西村は笑わせてくれた。

「竹田先生に叱られそうになると後ろに行って、褒められそうだと前に出ていました」（竹井）

「怖かったけど、愛があるのは分かっていました」（西村）

西村は御所のラグビーを「御所ラグビーとは、フォワードのラグビーです。試合はフォワードが決める。点をとるのがバックスです」と表現した。その通りかもしれない。

自主性がない限り、ラグビーは上達しない

最初の目標は天理高校に対して一点でも差を詰めていくことで、天理に勝つことができるようになったら、全国でトップクラスに入ることが目標になり、その後は、日本一に少しでも近づけるように努力しようというふうに変わっていった。

奈良県でなかなか勝てないときは、インパクトのある言葉を探し、お寺に座禅を組みに行き、ラグビー以外の修行をさせた。お寺の住職に説話を聞かせてもらうなど、そんな積み重ねで、チームが成長していった。

一年一年、負けてシーズンを終えるたびに自分を振り返り、何がいけなかったのかを考える。それを積み重ねるうちに、自分のマニュアルが生徒を通じて形作られていった。

生徒が失敗したことを成功につなげ、子供の実態に応じて自分が臨機応変に動けるマニュアルを、柔軟性を持って作っていくのが大事だ。僕自身の考えを押しつけるという感覚でやっていたら、自分のキャパシティーのなかでのラグビーしかできない。

ラグビーは人間性のスポーツだと思う。人の話を聞く姿勢を持ち、人に伝えるために行

動をする自主性がない限り、ラグビーは上手くならない。いかに良い準備をするかが重要で、準備のための練習をどう組み立てるかが大事だ。

練習だけでは強くならない。ラグビー以外のところでも準備をしていかなくてはいけないと思って始めたのがフェスティバルだった。

朝5時30分に起床し、夜11時くらいまでみんなが気遣いをする。それも、自分たちのチームではなく、来てもらっているチームに気遣いをする。おそらく、あのチームならウォーミングアップのために、これくらいの時間に来て練習するだろうと予測する。それまでにグラウンドを空けておこうとする。氷も用意して、お客さんも来るだろうから駐車場の係員を確認するなど、いろいろなことを考えないといけない。

僕が言わなくても、選手自身が判断して、係員を入れ替え、相談し、対応していく。上手くいかなかったことは、ミーティングで話してもらって僕からアドバイスする。その繰り返しで次第に指示しなくても動けるようになっていった。

夏休みのチームビルディング

フェスティバルは学校が夏休みに入る頃に開催している。この一大イベントが終わると、頭も心も使い切った生徒たちはへとへとになっている。

だが、休むことなく翌日からは大分県に出かける。久住スポーツ研修センターの鷲司《わしづか》英彰《えいしょう》さんのご協力で、同センターで合宿をするためだ。

ここでもフェスティバルの延長線上でグラウンドの整備をし、練習の準備をする。比較的ゆったりとした合宿で、心身ともに疲れをとっていく。運営とラグビーの両方をこなしながら過ごすのだが、同時期に合宿している各校の監督さんから、朝の集いでさまざまな訓話を聞くことも実施している。

東福岡、東海大仰星、京都成章、中部大春日丘などがよく同時期に集うのだが、朝に全ラグビー部が集う。僕は「人の話に対して聞き上手な人が、人に伝えるのが上手い」などの話をする。谷崎重幸先生（当時、東福岡ラグビー部監督）はこんな話をしてくれた。

「なぜ綺麗な薔薇は咲くのか。根っこがしっかりしているから綺麗な花が咲く。みんなが知らないところで、お母さんたちがご飯を作ってくれて、目に見えないところで支えてくれる人のおかげがあるから君たちがいる。みんなも綺麗な花を咲かせるために、そういうことを分かった上で生活をしなくてはいけない」

その後、長野県菅平高原の合宿で集中した練習、試合を行う。

菅平に行く前に、ラグビーボールを持たずに、学校から車で一時間ほどのところの天川《てんかわ》村にある「庵《いおり》の郷《さと》オートキャンプ場」に出かける。

平成16年度卒のラグビー部員、澤村雄介のご両親がこのオートキャンプ場を運営していたので、使わせてもらうことになった。澤村は第83回の全国大会に出場したときのプロップだ。ラグビー経験なしで入部してレギュラーになった。

このキャンプは、ご飯を作ってもらうありがたみを感じるため、飯盒炊爨《はんごうすいはん》をする。携帯電話は持たずに、山と川に囲まれた自然の中で過ごす。生徒たちのなかには、飯盒に水を入れずに米だけ入れて炊こうとする者がいる。山から木を集めてきて、紙に火をつけて木の上に置くだけで、「火がつかない！」と騒いでいる。魚釣りをすれば、エサのミミズを探せず、エサがあっても釣り針につけることができない。魚を釣っても、魚から釣り針を外せない。要するに、すべて経験したことがないのだ。そんなことを生徒が協力しながら克服していくのは、チームビルディングにもなる。

夜には、上級生に「親を泣かせる10分間スピーチ」、下級生に「目に見えない、おかげの話を5分間」という課題を与える。

部員たちはそれぞれどんな話をするか準備をしてくるが、時間が余ったら、何か芸をして時間を稼ぐことになっている。

毎日、早朝からご飯を作ってくれるお母さんへの感謝をし、自分が高校に入ってお金がかかるので家族が大変だと泣きながら話す選手もいる。日頃は言わないことを、ここでは話してくれることも多い。チームメイトも涙ぐむ。なかには、話で時間を埋められず、一発芸をしている部員もいる。それはそれで面白い。まずは、人前で話すこと、準備することが大事なのだから。

これを繰り返すうち、お父さんやお母さんが、子供のスピーチを聞きたくて参加するようになり、保護者の皆さんも巻き込んでのキャンプになっていった。人間の育成を目的とした家族ぐるみのチームビルディングである。

子供たちは目に見えて成長する。スピーチをすることで、人に話をする力がつき、人に伝わったかどうかを自分で確認できるようになっていく。顔を見ながら話すことで、これは伝わっていないと気づき、伝わるように工夫して、もう一度話すようになる。そういうことを一つひとつ覚えていくのがスピーチをさせるポイントだ。表情、表現、態度、言葉遣い、挨拶が変わってくる。少し大人になるのだ。

うまく伝えられない選手は、どんどん気持ちが沈んでいく。それを感じ取って、周囲が彼にアプローチして、アドバイスをする。自分は一人ではない、みんなが支えてくれると思えるようになる。これを試合につなげられないか。そんなことに着目して天川村の合宿は行っている。

菅平の合宿が終わると、5日ほど休みを入れ、夏休みの最後に学校でセミナー合宿を行う。ここでは宿題や受験勉強などの時間をとり、夏の試合で出た課題を修正するために映像などを見る時間に充てる。約40日の夏休みのうち、約30日をともに過ごすことをテーマにしている。

夏を経て生徒たちは心身ともに成長し、チーム力は大きく伸びる。普段は家から通っている生徒も、一緒に生活してみると、いろんな面が見えてくる。僕の自宅や、寮を使ってたくさんの生徒を預かっているのも、そういうところを見たいからなのかもしれない。

地域の支え

地域の人たちの支えはラグビー部にとってなくてはならないものだ。とりわけお世話になっているのが、地元の鍛治田《かじた》工務店の皆さんだ。

僕は地域の人にラグビー部の活動を分かってもらいたくて、ＪＣや婦人会など、いろんなところに出かけて講演のような形で話をさせてもらっていた。その会場で出会ったのが現社長の鍛治田八彦《やつひこ》さんだった。

ここまで書いてきたようなことを聞いてくれて、「御所をラグビーの町にしたらいいじゃないか」と言ってくださった。市長にも協力を求めてくれた。鍛治田さんが市全体に投げかけてくれて、フェスティバルが盛大に開催できるようになった。

鍛治田さんは、フェスティバルにもよく来てくださった。僕が自宅に10名以上の部員を預かっているのを知って、「そんなに預かったら、家が潰れるだろう。うちの会社に7階建ての寮があるから、その一部をラグビー部の寮として使ったらいい」という言葉をいただいた。

7階建ての1階は、コインランドリーのようなものを作ってもらい、2階はミーティングルームと、厨房と食堂、3階、4階が部員の部屋になっている。5、6、7階には鍛治田工務店の社員の方々が住んでいる。2020年度は30名のラグビー部員が住んでいた。

社員の皆さんと部員が直接交流することはないが、挨拶はするし、寮を借りているという感謝の気持ちも込めて階段やトイレの掃除などをしている。部員はエレベーターを使わず、階段を使うようにしている。僕も社員の方と直接話をすることはないのだが、あるとき、声をかけられて話をしてみると、新潟工業高校ラグビー部の卒業生だった。ときおりラグビー経験者が入社しているようだ。

御所ラグビーフェスティバルは、2020年の夏は新型コロナウイルス感染症の拡大を防止するため、自粛することになった。しかし、地元の皆さんはいつものように畑を耕し、きゅうりやトマトの差し入れなど準備はしてくださっていた。

そこで、シルバーウィークに宿泊なしで10校ほどの高校を招き、練習試合をした。そうすることで、準備した野菜などを各学校に食べてもらうことにした。皆さんの気持ちを無駄にすることはできないのだ。

家で子供たちを預かる

生徒たちは、僕の家に住む部員のことを「家民《いえみん》」と呼ぶ。最初に預かったのは、岸和田玲央だ。彼は僕の長男と同学年で、兵庫県の宝塚市から来ていた。そのあたりから、他府県からの入学も増え、ラグビー部に入ってくるようになった。

その後もたくさんの生徒を自宅で預かった。印象深い生徒の一人が、現在、御所実業高校の教師で、ラグビー部のコーチを務めている津本鷹《たかし》だ。彼は兵庫県の伊丹ラグビースクールの出身で、御所実業にやってきた。

小学生のとき、第88回全国高校大会の御所工業・実業（このときは学校が統合される過渡期で、両方の学校名が併記されていた）と京都成章の準決勝を見て、震えるほど感動したそうだ。それで御所実業に行きたいと思ったようで、来てくれて家民になった。

当時は12名ほどの生徒が僕の家族と一緒に暮らしていた。津本は生活態度は真面目だったが、トマトが食べられなくて、みんなに無理やり食べさせられていたのは懐かしい思い出だ。

大学の進学を決めなければならない時期になり、面談をして志望校などを聞くと、津本だけは志望校がないという。「僕、御所のことしか考えていなかったので」。御所に大学はないので、教員免許の取得を勧めた。津本は、九州共立大学に進学し、奈良県の教員に採用され、教師として御所実業に戻ってきた。いまは選手と一緒に寮に住んでいる。心から御所を愛してくれている教え子だ。

最近の家民のことを紹介すると、2020年度のプロップ小林龍司がいる。小林は芦屋ラグビースクールでプレーしていて、体が大きくよく走る将来有望な選手だった。

実は彼は奈良県生まれだ。中学生になり、さまざまな試練が降りかかった。お母さんが中学1年生のときに亡くなり、翌年、お父さんが自転車で転倒して脳に障がいを負い、仕事ができなくなってしまった。

芦屋ラグビースクールの頃、御所のグラウンドに練習に来て、「奈良で生まれたし、御所でラグビーがしたいです」と笑顔で話していた。しかし、中学3年になると、状況が変わっていた。経済的なこともあり、「先生、行きたいけど行けません」と泣いて話してくれたことがある。それを聞いて、心配しなくていい、僕が面倒を見るから来たらいいと言葉をかけた。お兄さんもサポートしてくれた。そして、家民になることになったのだ。

寝食をともにし、親子のように過ごすことで子供たちの実態が分かり、ともに成長することができた。一人一人が大切な子供たちだ。

僕は長男だったこともあって、家を買うのに抵抗があり、借家住まいを続けている。子供たちを預かるため、大きめの家を借り、12畳の部屋に8個ベッドを入れ、6畳の2部屋に4個ずつベッドを入れた。洗濯機は5台。同時に回してみんなの洗濯をする。妻が一番大変だったと思う。定年を機に自宅で子供たちを預かることはやめることにした。少しずつベッドが減り、広々とした部屋を見ると寂しい気もする。おそらく、一番寂しい思いをしているのは妻だろう。

自分の指導法をシェアし、成長する

御所実業高校は、奈良県立の公立高校だが、薬品科学科という日本に4校しかない科があり、全国から受験することができる。薬といえば、江戸時代からの歴史がある富山の薬売りが有名だが、大和（奈良県）の薬も有名でその中心は御所だった。学校の周辺にも薬品会社が多い。この科があるのも、全国から選手がやってくる一つの要因だ。

天理高校と互角の勝負ができるようになると、どんな練習をしているのか興味があるようで、各地の中学の先生から連絡があり、練習に来てくれるようになった。入学してくる部員の範囲も広がった。

僕はそんな先生方と、御所独自の練習を一緒にやった。自分が勉強したことは、皆さんに伝え、披露して、まねをしてもらったら嬉しいと思っている。

伝えたということは、また新しく伝えることを学ばなければならない。僕は自分がやったことをみんなに知ってもらう方がいいと感じている。

指導者はラグビーだけを教えたら終わりではなく、ラグビーをしたことが将来につながる教育をしなければいけない。どこに行っても重宝してもらえるような大人になるように、ラグビーが終わった後も生活できるように、ラグビーを通じて何かを学んでほしいのだ。だから、自分の経験はどんどん他の指導者とシェアしたい。そして、指導者も成長してほ

指導者はラグビーだけを教えたら終わりではなく、ラグビーをしたことが
将来につながる教育をしなければいけない。ラグビーを通じて何かを学んでほしい

しいのだ。

ラグビー部のバックスコーチをお願いしたこともある大久保吉則さんに「お前は監督ではないな、先生やな」と言われたことがある。

ああ言えば、こう言うというような口答えをする部員に対して、僕がしつこく指導しているのを見た大久保さんは言った。

「そんなこともういいから、ラグビーの指導に集中したらどうだ」

いや、これは譲れません、と言い返した。いま、この子を直しておかないと、大学に行っても同じことが起こるからだ。そのとき、大久保さんに言われたのが、「お前は先生やな」という言葉だった。コーチではなく、教師だという意味だろう。

目の前にいる子供たちに何かを植えつけてやりたい。それを3年間でやり切る。子供たちにもやり切らせてあげる。それが僕の教師としての信条だ。

第4章　オリジナリティーの創出

自覚するための言葉の力

御所実業高校ラグビー部を応援する横断幕には、「堅忍不抜」、「絆　信頼　魂」、「WE ARE ALL ONE」、「氣力」などの言葉が記されている。

これらの言葉は歴代の生徒たちと考えたものだ。例年、全国高校大会に出場できたかどうかとは別に、新チームになるとき、選手たちに自分たちのテーマを考えるように課題を出す。

奈良県の予選で敗退したときは次の日からだ。2020年度は1月3日に負けたので、4日から新チームがスタートした。春に3年生になる最上級生が、卒業していく3年生を目標に、彼らの良いところを継承し、自分たちがそれを追い抜くためのテーマを考えてもらうのだ。卒業していく3年生との勝負でもある。モデルは常に3年生。それを軸に目標を作らせる。

「堅忍不抜」、「脚下照顧」などの四字熟語や、「PASSION」と英語のときもある。2021年度の新チームは「初志貫徹」、「GOOD VIBES」（お互いを鼓舞し合い、自ら良い雰囲気を作ること）を部員が考えてきた。

いつも言葉は自由に考えてもらう。自覚をうながすのが目的だ。生徒が考える言葉を聞きながら、指導していたら、「絆　信頼　魂」がチームの柱になった。

「WE　ARE　ALL　ONE」については、実は「ONE　FOR　ALL, ALL　FOR　ONE」という言葉がしっくりこなくて、考えたものだ。

みんなで一つになりたいのだ。我々ラグビー部だけではなく、保護者や関係者も、地域の人も、ラグビーを知らない人も、おにぎりや、水を差し入れてくれた人も、みんなで楽しめたらいいのにと思った。いろんな人に御所のグラウンドに来てほしい。そういう気持ちを込めて作った言葉だ。だから、僕はイベントをたくさん作りたい。御所ラグビーフェスティバルもその一つだ。みんなでラグビーを楽しみ、成長したいのだ。

「氣力」という言葉には特別な思いがある。漢字は「気力」ではなく、「氣力」である。「メ」ではなく、「米」だ。

鹿児島実業高校サッカー部の松澤隆司先生に知覧に連れて行ってもらった話は、第2章に書いた。そのとき、松澤先生に「沖縄県糸満市にある摩文仁《まぶに》の丘にも行ってこい」と言われた。摩文仁の丘は、ひめゆりの塔の近くにある。

第二次世界大戦における沖縄戦最後の日本陸軍司令部がこの丘の洞穴壕《ごう》に置かれていた。この場所では師範学校や看護学校に通っていた多くの優秀な女性が断崖から飛び降り、自ら命を絶った。

洞窟にいた人たちは、1000発の弾を撃ち込まれたという。資料館で残された手紙を読んだ。そこには、「米粒を食べても死なない」と生き抜こうとする気持ちなどが綴られていた。絶対にあきらめないで生きようとした人がいたのだ。そこに書かれていた「気力」の文字は、気の中が米だった。旧漢字だが、そこに意味があると信じている。

僕は御所に来る前から「氣力」を大切にしていた。絶対にあきらめない。どんな人間でもあきらめなければ、最低でも夢や目標に近づくことはできると信じている。

勝ち取るのは難しいが、少しずつ近づくことはできる。100－0で負けていたチームが、次に戦ったときに、99－0になれば、一点近づいたということだ。次に50－0になれば、さらに近づいている。少しずつでも差を詰めれば、相手には焦りが出てくる。

どんな状況でも、絶対にあきらめない。そのことを生徒に話してきた。それが、僕の指導方針の根底にある。

スピーディーな天理高校だからこそ、モールで対抗する

ラグビー経験者の少ないチームが、全国大会で優勝するレベルのチームにどう近づくか。我々のターゲットである天理高校は日本一速い集散で、スピーディーにボールを動かしていくプレースタイルだった。同じことをしていては、差を詰めるのに時間がかかる。

御所には中学時代のラグビー経験者はおらず、ルールも知らないような初心者ばかり。しかし、体の大きな生徒を集めていたので、相撲や、おしくらまんじゅうは得意だ。それをゲームにつなげることはできるのではないかと考えた。

立ってプレーすることだけ教えて、ボールをキープできれば、その時間は攻撃されない。キープする時間を長くすれば、相手のリズムが狂ってくる。それが、モールを鍛えようとした最初の発想だった。

モールとは、ボールを持った選手を軸にスクラムのように押し込んでいくプレーだ。古くからある戦法の一つだが、モールはトライする手段として使うチームが多く、モールを

中心に攻撃を組み立てるチームは少なかった。

僕はラグビーの指導法などのマニュアルを読まないようにしている。他のコーチが開発した方法を導入するのは、ものまねになってしまうからだ。

それぞれの高校のラグビー部は、人材や環境に違いがある。その実態のなかで天理にどう勝つかを考えなければいけないのだ。僕はモールを組むことで相手のディフェンスを崩すことはできないかと考えた。時間を費やすモール、スペースを作るモール、風下など条件によってのモール、相手陣でスコアするモール、いろいろ使い分け、応用できるようにしたかった。

低い姿勢を保つために張り巡らせたネット

モールをしっかり組むには低い姿勢が必要だ。これは高校からラグビーをしてきた経験で感じたことだ。力が弱く、体が小さくても、低い姿勢でプレーすればタックルで相手を倒すこともできるし、簡単に倒されることもない。低い姿勢であればいろんなプレーが上手くいくものなのだ。そこで、強化を始めて数年後、グラウンドの隅にネットを張った。

常に低い姿勢を保って練習するため、選手の平均身長の3分の2くらいの高さにネットを張り、その下で練習することにしたのだ。

10メートル四方の場所に、コンクリートで土台を作り、杭を打ち、ネットをワイヤーで引っ張って張り巡らせた。体を3分の2くらいにして、おしくらまんじゅうをしてからボールを味方に渡すトレーニングだ。

これを基本の動作として毎日15分ほど練習した。タックル練習や、地面に転がっているボールを確保する練習もネットの下で行った。倒れた状態からすぐに起き上がるとき、棒立ちになってはすぐに相手にボールを奪われてしまう。立ち上がっても低い姿勢を保つための練習だ。上手くいくことを想定した練習ではなく、ミスをしたとき、上手くいかなかったときの練習を繰り返した。

チーム作りを始めて10年間ほどは、筋力トレーニングなどに割く時間よりも、グラウンドでラグビーをする時間が多かった。できるだけボールを使って、少人数のグループに分け、全選手が休む時間がないように工夫した。

高校生の試合は、原則として前後半30分ずつの計60分だ。実際の試合を考えれば、序盤でペースを握ることが大事だ。最初の20分のコンタクト（ぶつかり合い）で負けないように、練習でも最初の20分に基礎的な練習を休むことなく繰り返した。

パススキルがないから生まれたキックパス戦法

最初の3年はモールに焦点を絞って強化したが、3年目からよく練習したのが、キックパスだ。

キックパスとは、手によるパスではなく、ボールを蹴って遠くの味方にパスすることだが、これは右利きの選手が多かったことと、ラグビー経験者が少なく、パススキルも未熟な選手が多かったことから生まれた発想だった。

なぜ右利きの選手が多いことが理由になるのか説明したい。ラグビーボールは基本的に両手でパスするが、左方向へのパスは右手で、右方向へのパスは左手で押し出して投げる。このため、右利きの選手が多いと、左方向へのパスはよく伸びるが、右方向へのパスは距離が出ないし、ミスが多い。

スクラムがグラウンドの右端にあれば、左オープン展開といって、右手を軸にしたパスで左方向に大きくボールを展開できる。しかし、左端でのスクラムの場合、右へのパスが伸びないので、素早く大きな展開ができない。そこで、クロス系のプレーを使って、選手を内側に走らせて縦系の攻撃をし、キックパスを取り入れる練習をした。

キックを反対側のタッチライン際まで蹴って、これを一番外側にいる選手がキャッチする。これは、バックスの選手だけではなく、大きなフォワード陣を意図的にタッチライン際に残して、そこに向かって蹴るなどした。

ディフェンスに回ったときも、同じような考え方をした。相手が右オープンのときは、パスが伸びないことを想定して、素早く前に出てミスを誘い、左オープンのときは、内側の選手から順にスライドしてタッチライン方向に押し出すようなディフェンスシステムを採用した。

この考え方で、キックオフやドロップアウトの蹴り方も考えていた。こちらから見て右方向に蹴ると、相手が右方向へのパスを使うことになるので、ディフェンスは素早く詰めて、ミスを誘う。最近は左キッカーもいるので、キック戦略は楽になった。

ラインアウトも工夫した。ラインアウトは、ボールがタッチラインの外に出たとき、両チームが並んでボールを奪い合うプレーだが、並ぶ人数は攻撃側が決められることになっている。そこで、少ない人数で、ジャンパーを持ち上げる選手を一人にしてみたり、逆に10人、12人と並んでみたりすることもあった。

たくさんの人数がラインアウトに入ると、相手のディフェンスもそこに集中する。そのままモールを押すこともあったが、モールと見せてキックパスを使い、ディフェンスのいない場所を攻めることもやってみた。最初の10年は試行錯誤の時期で、負けることは多かったが、少しずつ修正し、新しいものを加えていった。

初めて全国高校大会に出場したのは、1995年度（平成7年度）のことだ。奈良県予選決勝で初めて天理に勝利することができた。

この試合については第5章で書くが、卒業後、大阪体育大学に進学したスタンドオフの内村力《りき》が、ドロップゴールを狙ったのが左に外れ、それがキックパスになってトライになったシーンがあった。

相手陣深く入るとボールをキープして連続攻撃を仕掛けるチームが多いが、御所はキックをよく使った。天理相手に簡単に前進することはできないので、いろんな工夫が必要だったからだ。その積み重ねが、ミスがキックパスになってトライにつながった。

従来のポジションにとらわれない配置

初めて全国大会に出場した頃は、モールとキックパスが軸で、1997年度（平成9年度）のときの奈良県予選決勝でもキックパスでロックの選手がトライしている。なぜ、そうなるかといえば、ラインアウトからボールを展開したときは、背番号4番、5番のロックは、その場に残るからだ。いったんオープン展開して、逆サイドまでボールを動かし、そこから残ったロックに向かってキックパスをするというわけだ。

御所工業高校が生んだ最初の高校日本代表である菊谷崇はこの頃の選手だ。運動能力は高いが、まだラグビーをよく理解していなかった。彼をどのポジションでプレーさせれば能力を引き出せるのかを考えた。

スクラム最後尾のナンバー8だと、ボールを持って突進して相手を弾き飛ばすような目立ったプレーをするだろう。これでは、ディフェンスのターゲットになってしまう。

そうなるのであれば、最初からロックでプレーさせた方がいい。ただし、本来のロックの仕事であるボール争奪戦などの仕事はせず、ボールを持ってのペネトレーター（突破役）に専念させた。その代わり、仕事のできるタイプの選手をフォワード第三列（6、7、8番）に並べて、倍の仕事をしてもらう。

最近では考え方が変わり、ロックはセンター（12番、13番）の仕事をしてもらって、プロップ（1番、3番）にロック、ナンバー8の仕事をしてもらっている。ポジションが関係のない「フリーマン」を作り、キックパスをしたり、トライをとったりするようにもなっている。このように従来のポジションの役割にはとらわれず、個々の選手の能力を最大限に引き出す方法を用いている。

たとえば、スタンドオフ（10番）ができるような器用な選手が、10番にもう一人良い選手がいるからという理由で試合に出られないのはもったいない。そういう選手はフランカー（6番、7番）にしてみる。キックもパスもできるし、場合によっては10番の位置に立つこともできる。ウイング（11番、14番）をフランカーにすることもある。もちろん、どのポジションに入ろうと、立ってプレーする意識は変わらない。

プロップはフリーマン

30年の監督生活を振り返ると、最初の10年はモール、基礎プレーを徹底的に鍛え込んだ。次の10年は、ポジションにとらわれない方法を考えた。そして、最近の10年はプロップが「フリーマン」として目立つチームを作っている。

スクラムから相手陣へボールを蹴り込んだ場合、相手も蹴り返してくることがある。そのとき、プロップはスクラムから離れた後、フィールドの真ん中に走る。相手のキックをキャッチしてカウンターアタックを仕掛けるとき、ボールを持って走って相手のバックスの選手にコンタクトし、次の素早い展開の起点を作るのだ。あるいは、デコイ（おとり）のランナーになって、周囲の選手を生かすこともできるし、相手のバックスのキーマンに当たらせることもできる。

そんな動きをするプレーヤーを僕は「フリーマン」と呼んでいる。2019年度のチームには島田彪雅《ひゅうが》（現パナソニックワイルドナイツ）がいたが、タッチライン際でトライをしたり、10番の位置に入ってキックをしたりと、自由に動いていた。

ダブルハーフからトリプルハーフへ

毎年、春に新入部員が入ってくると、まずは好きなポジションをやってもらう。一年目から試合に出られそうな選手がいれば、「君はここをやってみたらどうだ」と声をかけて、試合をしながら調整していく。足が速い選手はウイング、大きな選手はロック、というような考え方はしていない。

２０２０年度のレギュラークラスの選手で一番背が高いのは安田昂平《こうへい》だった。安田のお父さんは、御所実業高校の電気科の先生で、ラグビー部の顧問を務めている。幼い頃からグラウンドに来ていた選手で、御所のラグビーをよく理解している。彼は2年生のときはウイングで全国大会に出場し、3年生のときはスタンドオフで出場した。フォワードは彼より小さい選手ばかりだ。

スタンドオフに大きな選手を置くのは、ポスト（壁）の意味がある。立つだけでも大きな壁になるからだ。最近は、どのチームもディフェンスが上手くなり、空間を探そうとする。空間を埋めるには、体の大きさは意味がある。

御所実業高校の卒業生で、2020年度、大東文化大学のキャプテンを務めた南昂伸《たかのぶ》は、スクラムハーフが本職だが、ウイングでプレーさせることが多かった。トライをとる嗅覚があるが、ボールを離さないのでスクラムハーフとしての資質には欠けていると考えていた。

しかし、スクラムハーフのパスは練習をしておかないと簡単にはできない。相手が強く、試合展開が劣勢になったときは南をスクラムハーフに戻した。「ダブルハーフ」という考え方だ。小さい体で動き回るのが御所のラグビーだが、ボール争奪戦からパスを出すスクラムハーフが密集に巻き込まれることはよくあることだ。

南のような選手を置いておけば、スクラムハーフが巻き込まれたときの代役ができる。2人とも巻き込まれることもあるので、そのときのためにパスを素早くできるフランカーを置くようにした。ダブルハーフをさらに発展させた「トリプルハーフ」として、3人のスクラムハーフを出場させることもあった。

スクラムハーフを重視する理由の一つになった他校の選手がいる。現在、御所実業高校のスポットコーチを務める二ノ丸友幸だ。彼は啓光学園のスクラムハーフだった。菊谷崇と同期になる。

啓光学園と試合をすると、小学生みたいな幼い顔をしているのに、右足でも左足でもハイパントを上げる9番がいた。御所のウイングのところにキックを上げて、ディフェンスで巻き込み、ターンオーバーからトライをされた。彼がいるだけで負けてしまうのだ。

ニュージーランドのチームが使っている戦術なので、スクラムハーフからのハイパントは僕もやりたいと思っていた。しかし、両足で蹴ることができる選手はなかなかいないし、上手くいかなかった。それをいとも簡単にやっている二ノ丸には感心というか、憧れた。こんな選手が一人いてくれたらなと思ったのだが、いないなら、スクラムハーフを2人にすればいい。ダブルハーフ、トリプルハーフのヒントをくれたのは、二ノ丸だった。

体格の小さいイメージを定着させた初の全国準優勝

僕が赴任した当初は、大きな選手を集めていたのに、いつしか御所は小さな選手が多いチームになった。意図的にそうしたわけではなく、小さな選手が集まるようになったのは、第88回の全国高校大会がきっかけだった。

新しい学校名になる過渡期で、御所工業・御所実業高校という名前で出場していたが、初めて決勝戦に進出した。

そのときの平均身長が170センチ。平均体重が80キロほどで、参加51校中、3番目に小さかったと記憶している。早稲田大学に進学したスタンドオフの吉井耕平は身長160センチだった。法政大学に進学したキャプテンのセンター岡本圭二も身長163センチである。小さいが、この2人がしっかりしていたからこそ、チームは決勝戦に進むことができた。

小さくてよく動くというイメージが定着したのか、その後、小さくても大きな選手がいるチームと戦えるのだと感じて、小さな選手が来てくれるようになった。

体格の大きな選手にも来てほしいのだが、それよりも、優れた戦術が魅力的だから人が集まるチームにしたい。学校の名前ではなく、ラグビー部に憧れて来てほしいと思うようになった。

オリジナルのスタイルは他競技の指導者の影響

僕に大きな影響を与え、オリジナルのラグビースタイルを築く原点となったのは、教員として最初に赴任した大淀高校での経験である。

他競技の名指導者に会ったことで、偏った考え方をしてはいけないこと、自分がやっていることをみんなに知ってもらうことの大切さを感じたのだ。

自分のやり方を隠してしまうと、一つの商品が売れたら終わりになる。一つ売れる前から準備しておき、次の商品を出す。そのためには勉強をし続けないといけないし、それが、自分と生徒の成長につながるのだ。

奈良県の高校野球部の指導者、中野泰造先生が我々ラグビー部の練習を見学に来たことがあった。ミーティングにも参加されたのだが、僕はミーティングで必ず笑いを入れていた。すると、練習後、「なぜ練習場で笑う必要があるのか。僕には信じられない」と言われた。

中野さんは、その後、山口県下関市にある東亜大学野球部の監督になり、小柄だが足の速い子ばかりを集めた「スモールベースボール」を展開し、明治神宮野球大会で優勝した。そのとき「御所実業のまねをした」と言ってくれた。

これは嬉しい出来事だった。いろんな競技の指導者と出会い、話を聞いたことが偏らない指導ができた要因だったと思う。

サッカーのフリーキックからのヒント

指導を始めた頃は、ラグビーという競技の構造を考えるよりも、天理高校に勝つために、いかに彼らにボールを持たせないかを考えていた。このことはすでに書いたが、ボールを持てない時間が多くなると、焦りが出てきてミスにつながるものだ。

そこから始まり、今度は、パスの回数を少なくして、動く人数を多くする戦法を考えた。これはサッカーのフリーキックからヒントをもらった。

サッカーのフリーキックを見ていると、パスは一回だが、他の選手がディフェンスを崩すためにさまざまな動きをしている。両チームが入り乱れているにもかかわらず、ゴールを狙って意図的に動き、スペースを作っている。

ラグビーはサッカーよりも厳格にオフサイドラインがある。ボールより前の相手陣ではプレーできないという決まりだ。だから、スペースは必ずある。

たとえば、ラインアウトであれば、ラインアウトの真ん中の線から、両チームが10メートルずつ離れている。このスペースをどう使ってディフェンスを崩すか、一つのパスだけで一人が突っ込んで行けばターゲットにされる。だから、組み替えた複数の選手で走り込むようにするのだ。

キックオフであれば、相手のキックと同時にボールを待ち受ける4、5人の選手以外は先に広いスペースに走っておく。すると、相手より早くワイドな展開ができるし、アングルチェンジ（方向転換）を使って攻撃をすることができる。

1996年（平成8年）の広島国体で岩手県の盛岡工業高校を中心とするチームと戦ったとき、このキックオフのプレーで2トライし、守り切って勝ったことがある。3回目は、さすがに相手も対応してきたのだが……。

具体的に説明すると、キックオフを蹴るチームは、相手にプレッシャーをかけようとしてボールに集中しがちだ。相手の目がそっちに集中しているうちに動いておけば、ボールが動き始めたとき、ディフェンス側は後手になる。この試合では、キックオフを待ち受けるときに、グラウンドの真ん中よりさらに遠くにフォワードを2、3人置いておくことで、数的優位に立って攻めることができた。ボールが空中にある間に先に動くことが大事なのである。

高校大会4連覇の指導者から学んだ防御

ディフェンスについては、記虎敏和先生に学んだ。啓光学園を全国高校大会4連覇に導いた指導者で、僕の天理大学の先輩にあたる。記虎先生に学んだのは、「マン・アウト・ディフェンス」だ。理想的なディフェンスは、一人目に出るプレーヤーに合わせて、外に流すのか、詰めるのか、ステイするのか、それを個々が的確に判断できるものだ。

しかし、これは簡単ではない。周囲に伝える力、受け取る力が必要なので、なかなか難しい。だから、原則はマン・アウト・ディフェンス。最初に前に出るフランカーが攻撃側のスタンドオフを狙い、一人ずつ外へスライドしていく。

御所ではスクラムハーフがそれをすることにした。スクラムハーフが前に出ながら、タッチラインに追い込むディフェンスを作っていった。

御所は練習の7割から8割の時間をディフェンスに割いている。ボディーバランスを重視し、倒れながらでもボディーをコントロールする。小さな体でも素早く立たせ、相手とファイトするか、ディフェンスに参加させる。そうしなければ、大きなチームは倒せない。

3チャンネル（アウトサイドセンターの外側）、またはタッチラインまで展開した後にグラウンドの中に折り返して攻めてくるところを狙い、前に出るタックルで倒し、ターンオーバーを勝ち取る。そこからチャンスをつかむのだ。

グラウンドに寝ている時間を少なくするためにも、ディフェンスでも立っていることを教え込んだ。柔道、レスリング、相撲の動きを取り入れて、相手を抱えて倒すスマザータックル、上半身を抱え込むチョークタックルを練習した。15年ほど前までは、雨が降ると柔道部や相撲部に行って練習させてもらった。古武術の先生に、タックルで倒したときの身のこなしなどを学んだこともある。

タックルが決まったときも、どのくらい相手を抱えておくか、足を持つか、反則にならない範囲で考えた。タックルで倒されたとしても、すぐに立ち上がり、ボールを地面に置

“常勝“の礎を築いたのは強固なディフェンス。小さな体でも素早く立たせ、
相手とファイトするか、ディフェンスに参加させる。
そうしながら、大きなチームを打ち破ってきた
(写真は2020年度の奈良県予選決勝。ライバルの天理高校を破り、
13度目の花園行きを決めた)

けば、再び拾って走ることができる。タックルで倒した相手から簡単に手を放してしまったら走られるのだ。

最近は、他競技の胸を借りることが少なくなった。S&C（ストレングス&コンディショニング）が発達しているので、S&Cコーチのトレーニングメニューでさまざまな身のこなしを身につけることができるからだ。

現在は、スーパーラグビーに参戦した日本のプロチーム、サンウルブズでもS&Cコーチを務めた臼井智洋さん、明治大学のトレーナー統括を務める真木伸一さんに、一カ月に一回程度指導していただいている。

ウエートトレーニングについては、京都産業大学ラグビー部のトレーニングも強化したトレーナーの野沢正臣さんが、水曜日ごとに指導してくださる。御所のラグビー部にも、統括トレーナーとして横井亮太がいて、第二大阪警察病院の田中誠人ドクターなどと連絡を取り合いながら選手の体作りを管理してくれている。体作りは科学的にやるべきだ。

体格の小ささを敗因にしたら、そこで止まってしまう。言い訳せず、可能な範囲で肉体を鍛え上げ、タックルスキルなどを磨いて対抗するしかないのだ。あきらめてはいけない。

第5章　天理高校との切磋琢磨

伝統校の練習を見学

御所のラグビーを語る上で欠かすことができないのが、天理高校ラグビー部の存在である。天理高校を目標にチームを作る。そこが原点だった。

天理ラグビーは、大正12年、天理教の教理者である「真柱《しんばしら》」の中山正善《しょうぜん》氏が旧制大阪高等学校でラグビーに出会ったことから始まった。そして、大正14年、旧制天理中学（現・天理高校）と、天理外国語学校（現・天理大学）にラグビー部が創部された。

草創期から厳しい練習で鍛えられた天理中学は、現在の全国高等学校ラグビーフットボール大会に第10回大会（昭和3年）から出場し、現在まで62回出場、優勝6回、準優勝7回を誇る全国屈指の強豪だ。

僕がラグビー部の指導を始めた2年目の1989年度の大会で優勝、1990年度の大会では準優勝と、その実力は常に全国トップクラスだった。

ラグビー部の指導を始めて一カ月が過ぎた頃になると、荒削りではあるが、いっぱしのラグビーチームらしくなってきた。試合をしたいとか、もっと詳しくルールを教えてほしいなどと質問してくる部員も出てきた。

僕は、次の段階に進むため、天理高校の練習を見学させてもらおうと考えた。そこで、天理高校ラグビー部に連絡してみると、田中克己監督が快く受け入れてくださったので、部員たちを連れて天理高校のグラウンドへ行った。

部員たちには、「日本一のグラウンドには何かが落ちている。何か一つでもいいから拾ってこい」と話した。グラウンドの草むしりをしながら練習を見学したのだが、部員たちは何かを盗もうと必死で見入っていた。

何よりも嬉しかったのは、グラウンドの隅で見学していた部員を練習に参加させてくださったことだ。できたてほやほやの我がチームにとって天理高校は雲の上の存在である。思えば一緒に練習ができたことだけで部員たちは幸せだった。

僕の収穫は練習がどこにつながっているか確認できたこと。このチームにはオリジナルの練習をしないと勝てないと思ったことだ。

そして、天理高校のグラウンドにはごみ一つ落ちていなかった。ごみのことについては、印象深い出来事があった。

僕が天理大学に入学したばかりの頃、ラグビー部の一学年上の先輩と一緒に自転車で練習グラウンドに向かっていたときのことだ。前のカゴに飲み干したジュースの缶を入れていたのだが、信号で止まったときにその空き缶が跳ねて道路わきの溝に落ちた。水が流れている側溝である。

先輩は天理教の人だった。深い溝だったし、僕は「まあいいか」と思ったのだが、先輩は何も言わずに水の中に飛び込み、靴がずぶ濡れになるのもいとわず、缶を拾ってくれた。その一瞬の行動を見て自分が変わった。もう二度とごみは落とさないでおこう、落としたらすぐに拾おうと思った。

その後、天理の街を見てみると、すごく綺麗に掃除がなされていて、ごみを拾う人が多いことに気づいた。それは「ひのきしん」といって、神様への感謝を込めて日々の寄進をするという天理教が大切にする行為なのだと知った。

こういう環境のなかにいれば、生徒がごみを道に放り投げることもない。規範意識が生まれると感じた。

練習+理論だけでは勝てない

その天理と初めて戦ったのは、近畿大会の奈良県予選決勝だった。1991年（平成3年）2月9日のことだ。

自粛明けで、モールしか練習できず、トライは奪えなかったが、9－10という接戦での負けだった。天理高校は2トライ、1ゴールだった（当時、トライは4点）。こちらは、サッカーをしていた森川直樹という選手がいて、3本のペナルティゴールを決めてくれた。僕自身はまだ自分がこのまま指導者を続けていいのかどうか、疑心暗鬼だったが、この試合で吹っ切れた。何より、選手の絆が固くなっているのを実感できたのが嬉しかった。

天理を越えようと思ってチームを作っていたわけではない。「夢は近づけるもの、そして、つかむもの」というのが僕のテーマだ。まずは、ロースコアで接戦する。それは一年半の練習で上手くいったところだと思う。

この決勝戦で天理と戦うことになったとき、周囲の応援の質が変わっていることに気づいた。ラグビーの素人だった子供たちが、仲間を亡くすという経験をしながら、ラグビーを始めて一年半ほどで決勝戦に進出した。

この子たちは頑張っていると思ってくれたのだろう。保護者や教職員、関係者が応援に来てくれていた。奈良県内の他校の指導者にも変化があった。奈良には天理高校がある、日本一のチームなのだから我々はかなわない、そういうあきらめムードから、自分たちももっと頑張ろうという雰囲気に変わった。そのきっかけが、あの試合だったと思う。

それは僕の望むところでもあった。無理だとあきらめているなら、最初からやらなければいい。やるからには何か近づく方法があるはずだ。

僕は選手に言い続けた。

「練習＋理論だけでは、天理には勝てない。プラスアルファが必要だ。練習や試合でしんどいときに、友だちに声をかけてやれるかどうか。人間はつらくなると本性が表れる。自分がつらいことを表に出さず、友達を支えることができれば人間として成長でき、表情や表現が変わるのだ」

衝撃の大敗から学んだこと

9－10で惜敗した年の秋、全国高校大会の奈良県予選決勝も天理との戦いとなった。残り時間5分まで6－6の大接戦だった。

お互いに簡単にトライをとられない我慢比べで、最終的に突き放されて、6－16で敗れたが、力をつけたことを実感できる戦いだった。

しかし、翌年の全国大会奈良県予選決勝では、天理に0－70で大敗した。天理にはその後、天理大学、神戸製鋼で活躍する天才的なバックスプレーヤー、八ツ橋修身《おさみ》がいた。天理が強かったのは間違いないが、この年の御所工業はややまとまりに欠けた。自粛期間に下級生だった選手たちに基礎、基本を叩き込む時間がなく、途中でやめていった部員もいて、うまくまとめ切ることができなかった。僕が練習中にチーム全体に対して「真剣にやらないなら帰れ！」と叱ると、部員の中瀬古祥成《よしあき》が「帰ろ、帰ろ」と、他のメンバーの手を引っ張って帰ってしまったことがある。この言葉は二度と使ってはいけないと教えられた。中瀬古は卒業後、教員資格をとり、御所に帰ってきてくれた。

0－70は、その後、長らく続く天理との戦いのなかで最大の敗北だった。これだけ差がつくと選手は勝つことをあきらめ、勝つ可能性がないと思いながら残り時間を戦うことになってしまう。そんなことを選手にさせてはいけないと肝に銘じた。

高校生らしく、最後まで「やり切らせる」がテーマになった。以降、大敗することはなくなった。

翌年の近畿大会でも敗れたが、スコアは5－8だった。その年の全国大会予選はオープン抽選になり、天理とは準決勝で当たった。スコアは、0－19。完敗だったが、天理が御所のことを本気で意識してくれるようになったと感じた。

天理高校からの初勝利

天理高校に初めて勝利したのは、1994年（平成6年）2月の近畿大会奈良県予選決勝だった。

前日の大雪でグラウンドはシャーベット状になっていた。身を切るような寒さのなか、御所工業フィフティーンは奮闘し、フォワードも前に出て、バックスもいい走りを見せた。

その結果、24－5というスコアで勝つことができた。

中学からのラグビー経験者が3人いた。中学ではサッカーをしていたスタンドオフの内村力を加えた彼らが、リーダーとなってチームを引っ張った。ディフェンスというより、アタックで集中力があるチームだったと思う。

この一勝だけではまぐれと言われてしまう。何がなんでも2連勝しなければならないという思いで臨んだ6月の新人大会は、天理高校の堅いディフェンスに阻まれ、0－13と完封負けを喫した。

秋の全国大会県予選では準決勝で天理と当たった。一度でも天理を破ったチームとして勝つことだけを考えて試合に臨んだが、結果は8－26の逆転負け。花園への切符を獲得することはできなかった。周囲の期待も大きかっただけに、部員たちの落胆ぶりは激しかった。

なぜ負けたのか、なぜ勝てないのか、考える日々が続いた。この頃は、立ってプレーすることとディフェンスがチーム作りの軸だった。ただ、それだけでは接戦はできても、勝ち切ることができない。

そこで、相手陣のゴール前に行ったときのサインプレーも加えることにした。僕はサインプレーがあまり好きではない。サインプレーはいつか見抜かれる。だから、もしサインプレーを採用した場合に、もっともミスが起こりやすいのはどこかと考え、傷口が大きくならないように、そこに人が多くなるようにシステム化しておこうと考えた。

厚い壁を破って花園初出場

天理高校との戦いは毎年数回ある。1995年（平成7年）も、まずは近畿大会奈良県予選で対戦し、5－50と大敗した。このままではダメだと、すぐさまディフェンスを中心とした練習を増やし、6月の新人大会に臨んだ結果、17－14と勝つことができた。

5－50で負けたチームが数カ月で勝利に結びつけることができた。歯を食いしばって練習すれば必ず天理以上の力を出せると確信した。それから半年間は、部員たちにプレッシャーをかけ続け、全国大会奈良県県予選決勝戦の日を迎えた。

この年は春から一勝一敗とはいえ、前評判は天理高校の方が高かった。モールを軸にしたフォワードのパワーでは御所がやや優っていたというところだろう。

試合の前日は熟睡することができなかった。朝起きても何か落ち着かない。一人で北島弘元のお墓に行き、力を借りるような気持ちで水差しの水をなめたら胃の痛みが不思議と消え去った。張り詰めていた緊張がゆっくりと落ち着きを取り戻した。

お墓に向かって一礼し、そのまま天理親里競技場へと向かった。試合直前、部員たちの顔は緊張でこわばっていた。

「お前たちに教えてきたことに嘘はない。自分を信じて、持てる力を全て出し切ってくれ！」

部員たちにそう伝えて、ロッカールームを後にした。

試合が始まると、選手の顔から緊張の色は消えていた。前半2分、自陣ゴール前のラックからいきなり先制トライを決められた。

そのまま崩されるのではないかと心配したが、選手たちは必死で食い下がった。15分、同点トライで追いつき、その後、ペナルティゴールを決められたものの、5－8の僅差で前半を終えた。

ハーフタイムでは、「守りに回らず、徹底的に攻め続けよう」と指示を出した。部員たちは攻め続け、4トライをあげた。31−15というリードで終盤を迎える。勝ちを意識したときが一番危険だ。最後の最後まで勝敗は分からない。

僕は終了直前から芝生の上に正座していた。支えてくださった多くの人への感謝の気持ちでいっぱいだったのだ。「最後まで耐えてくれ」、その一心で彼らを見守った。そしてノーサイドの笛が競技場いっぱいに鳴り響いた。

一瞬、頭の中が真っ白になった。スタンドから上がる大歓声を聞き、部員が泣きながら飛び上がる姿を見て、改めて勝利を実感した。それまでの7年間のさまざまな場面が一つ一つ脳裏をよぎった。

決勝トライをあげたのは、ウイングの西村和剛《かずよし》だった。彼は御所工業の隣の御所東高校に入学したのだが、子供の頃から御所ラグビースクールに通っていて、ラグビーがしたくなって転校してきた生徒だった。その彼がサインプレーで抜け出し、走り切ってくれた。

歴史を変える記念すべき日になった。なぜ勝てたのかと問われれば、練習したこと以上に、生徒たちが自分たちで考えて行動できるようになってきたことがあげられるだろう。

ラグビー経験者は少なかったが、過去数年間負けてきたことで、生徒たちが通用する部分としない部分を感じ、通用しないところから練習を始めた。そういう蓄積が活きた勝利だった。

初出場の全国大会（第75回全国高等学校ラグビーフットボール大会）では、1回戦で福井県の昭英高校と戦い、14－5で初勝利をあげたが、2回戦では、山口県の大津高校に3－13で敗れた。

人材確保、育成、トリプルアクション

部員集めに奔走していた最初の頃は、学校内で体の大きな子を集めていたが、1991年（平成3年）に天理高校と接戦できた生徒が、出身の中学で声をかけてくれるようになり、サッカーなど他のスポーツを経験したアスリートがラグビー部に入ってくれるようになった。

ラグビー経験者が増え始めたのは、全国大会に初出場（第75回大会）して以降のことだ。

それでも、経験者は少なかった。

この頃、御所工業高校から初めて高校日本代表が生まれた。1995年度に入学してき

た菊谷崇、西辻勤である。中学時代、菊谷は野球、西辻は陸上競技をしていた。2人とも大学、社会人で活躍してくれた。菊谷は日本代表にも選出され、2011年のラグビーワールドカップで日本代表キャプテンを務めた。後輩たちの憧れのOBだ。

菊谷に御所工業高校を勧めてくれたのは、旧知の間柄である天理大学柔道部OBの中尾太保《もとやす》先生だった。まだあどけない表情の菊谷に会ったとき、大きな足と長いスネを見て、これは大きくなると思った。期待通りの成長をしてくれたと思う。

その後はラグビー経験者が多数入部してくれるようになったが、僕の考える基礎、基本をあまり重視しない生徒は伸びなかった。

チーム作りの基本は、前年に負けたことの反省に立って考えていたが、基礎を叩き込むマニュアルをきちんと構築しなければいけない。経験者が入部してくることによって、改めてそう考えるようになり、以降は、基礎、基本を大切にした練習が増えた。

御所のディフェンスの基本、立ってプレーするためにはどうやってアクションを起こすか、そこにはアジリティーが必要だ。

体の大きい子よりも小さい子の方が、よく動く。人の3倍動いてくれるなら体の小さい選手の方がいい。でも、大きな選手がいるからモールを作れる。それも必要だ。「大きな選手には大きな仕事を一つしてもらう。中間層の子は2つの仕事をしてもらう。小さい子は3つ仕事をしないとレギュラーになれないよ」という話をする。

これを「トリプルアクション」と呼ぶ。タックルして、早く起き上がって、ボールに食らいつくか、相手とファイトするか。そして、また立ち上がって次の仕事をするというような意味だ。

御所に入学してくる選手は、全国的に見て突出した実力を持っているわけではない。たくさん仕事をしないと勝てないのだ。一人で2つ、3つと仕事ができる選手が揃っているときは、天理高校に勝ち、そうではないときは、ディフェンスが間に合わずにトライされてしまう。ディフェンスラインを面にして、立っている選手が多ければ多いほど、ミスが少なくなる。逆に相手にはミスが増えることになる。

キーポイントは、攻守にわたって立つことの意識を高く持つこと。ディフェンスでは相手にスペースを与えず、攻めるときはできるだけ長くボールをキープすることだ。そして、地域獲得を考える。フィールドの真ん中で反則をすれば、一気に自陣深く攻め込まれる。

そういう地域では絶対に反則をしない。そういったスタイルを構築していった。

中学時代の経歴で、相手チームに引け目を感じるような生徒も多かった。天理中学は実力があり、そこで活躍していた選手の多くが天理高校に進学する。

御所には天理中学になかなか勝てなかった中学の子たちがたくさん入ってくる。そんなメンバーの特長を活かしつつ勝利すると、自分も御所でやってみようと入学してくれる生徒が増えていった。次第に、どんな強豪高校に行ってもレギュラーになるような子も含まれるようになった。

引け目を感じている選手を育てるのに大事なことは、脳内改革ではなく、体に御所のラグビーを植えつけることだ。

天理のラグビーは、同じシステムを徹底してやり続けるスタイルだ。一軍だけではなく、下のチームも、みんなの体にシステムを染み込ませて、試合では正確にプレーし、上手くいかないときに修正する。

御所のスタイルは、相手のディフェンスがストラクチャー（陣形が整っている状態）なのか、アンストラクチャーなのかを判断して、選手が主体的にプレーする。フィールドのどのエリアでプレーしているかによって、やっていいこと、やってはいけないことを整理している。

天理にはラグビーに必要なすべてのスキルが平均的に高い選手が多い。御所は適材適所という考え方をとる。パスの上手い子はパスでボールを動かし、パスの苦手な子は、ボールを持って突破し、キックでスペースにボールを運べばいい。菊谷のように運動能力の高い選手は、普通ならウイングやセンターに置くのだが、それをロックにして、タッチライン際に立たせて突破をさせ、キックパスを受ける仕事をしてもらう。

自分の得意な分野で勝負し、のびのびとプレーさせるのが御所のラグビーだ。中学時代は有名な選手ではなかったとしても、自分の特長を活かしてレギュラーになり、奈良県の決勝戦でテレビに映ったりすると、自信も出てくるし、得意ではなかったプレーも上手くなるものだ。

本当の死闘が始まった

1995年に初めて天理高校の壁を破って全国大会に初出場した翌年（1996年）、

全国大会予選決勝では、天理高校の凄まじい気迫に飲み込まれた。

スコアは、17－32だった。

この頃は、ラグビー経験者が少しずつ増え始めていた。彼らがリーダー的な存在でプレーしてくれたが、天理高校に対するコンプレックスがなく、のびのびと自分たちのスタイルを構築してくれた。少しずつ選手の質が変わってきた時代だったと思う。

全国大会に初出場した次の年の部員たちに良い思い出を受け継いでやりたかったが、連続出場することはなかった。この負けの悔しさは相当なものだったようで、菊谷を含む2年生の3名が「これから一年間僕らを鍛えてください。花園に行きたいです」と直訴してきたほどだ。

選手がそういう気持ちになってくれたのであれば、こちらも応えなければいけない。それまで以上にハードなトレーニングを課した。

また、菊谷のポジションはロックだったが、走力があるので、スペースのあるところで自由に走らせようと思い、菊谷にタックラーをかわすステップを覚えさせた。それまではパワーで相手を弾き飛ばすようなプレーをしていたが、タックルをずらして前進した方がいいと考えたのだ。

ラダートレーニングといって、縄ばしごを地面に広げたような物の上を走り、こまかな足の運びを養うものがある。これを繰り返すことで菊谷は小さなステップを使えるようになった。

1997年（平成9年）2月、近畿大会の奈良県予選で天理高校を19－0と下した。各府県の強豪校が出揃った近畿大会でも勝ち進み、準決勝で大阪の啓光学園と対戦。敗れたが3位入賞を果たし、自信をつけた。しかし、6月の新人戦では天理に逆転負けを喫する。この年は一勝一敗で秋を迎えた。

そして決勝は天理との死闘になった。3年生の学年は、菊谷、西辻ら才能ある選手が揃い、全国大会でも上位に進出できるレベルだと感じていた。

しかし、天理は手ごわかった。ペナルティが両軍合わせて30個ほどになった。レフリングが非常に厳しく、ボールを持って攻めるたびに反則をとられて守りの時間が多くなった。なんとか耐えて勝ち、2度目の全国大会出場を勝ち取った。

全国大会では、1回戦で千葉県の流通経済大学付属柏高校に、23－11で勝ち、幸先の良いスタートを切ったが2回戦で報徳学園（兵庫県）に12－23で負けてしまう。

報徳学園戦は朝から雨が降っていた。朝早い試合であれば、宿舎のことも考えないといけないし、着替えのジャージは借金をしてでも揃えなくてはいけなかったのだ。指導者の責任を痛感する敗北だった。

忘れていたノーサイド精神

その翌年のことも書いておきたい。菊谷の学年は、13名ほどで部員が少なかった。その下の学年は奈良県のラグビー部がある中学からもたくさん入学してきてくれて、25名と一番部員が多かった。2年生で花園を経験し、実力もある。啓光学園と練習試合をしても互角に戦える。菅平高原の夏合宿の練習試合も全勝だった。

2年連続での全国大会出場は十分に可能だと思っていた。全国でも上位に行けたと思う。しかし、予選の決勝戦で御所工業は天理に敗れる。

レフリーの笛の吹き方について、観客席の保護者からブーイングが出た。選手もレフリーに文句を言ってしまった。3度目の全国大会を目指し、チーム力もあると自負していたことで、僕自身が天狗になっていたのかもしれない。ラグビーに大切なノーサイドの精神や、相手の立場を尊重する精神などを忘れてしまっていた。選手の文句も観客席からのブーイングもすべて僕の責任だと感じた。このままでは生徒の質が上がらない。下級生も同じことを繰り返すだろう。自分が変わらなければならないと痛感した敗戦だった。

天理高校のコーチは、御所のグラウンドに試合を見に来て、戦力や戦術の分析をするなど万全の準備で御所との戦いに臨んでいたが、僕はそこまでしていなかった。

そこまでしなくてもいいという甘さがあったのかもしれない。この敗北以降、奈良県の中学生だけではなく、大阪の中学生にも声をかけるようにした。これは、ただ良い選手を獲得したかったからではない。大阪の中学生はたくさんのチームと試合をして経験値が高い。天理に対するコンプレックスもない。体が小さくてもラグビーの上手い子が多かった。他府県の生徒が増えることで、チーム力が上がるのではないかと考えたのだ。

そして、レフリーに御所のラグビーを知ってもらう機会も作った。奈良県ではどうしても天理高校が強いというイメージがあり、それはレフリーにも刷り込まれているからだ。そのイメージを変えていかなくてはいけない。

たくさんのチームと練習試合を行うとき、トップレフリーにも来ていただいて、御所の試合の笛を吹いてもらう。レフリングについて、いろいろと教えてもらい、プレーについてディスカッションする。トップチームとトップレフリーが集って試合をすることで、奈良県のレフリーもレベルアップできる。ともに成長していこうと考えたのだ。

立ちはだかるライバル

1997年度（平成9年度）の第77回全国高校大会に出場して以降、天理高校の壁はより分厚くなったように感じた。

3回目の出場権を勝ち取ったのは、2003年度（平成15年度）である。まるまる5年間、全国大会に出ることはできなかった。2001年（平成13年）11月18日の全国大会予選も強烈に印象に残っている。

3－6という両チームノートライの試合だった。このシーズンは、全国でも上位に行ける強いチームが作れたと思っていた。キャプテンは小西大輔（帝京大学→ホンダヒート）で、高校日本代表候補のスクラムハーフ芝本裕吏がいた。

春の近畿大会予選も17－0と大差で天理に勝ち、6月の県の新人大会でも勝った。しかし、全国大会予選決勝は勝てなかった。天理は御所工業に対してのディフェンスを構築していた。悔しかったが、天理のディフェンスはあっぱれだった。

２００2年度（平成14年度）の全国大会予選決勝も、12－22で敗れた。僕が初めて自宅に預かった部員、岸和田玲央が1年生だった。僕の長男・英生《ひでき》も入学してラグビー部に所属した。

届きそうで届かない。天理の壁は厚かった。そして、２００3年度（平成15年度）、6年ぶり3度目の全国大会出場を成し遂げる。

この年のキャプテンは、ナンバー8大住悠真で、東大阪市の英田《あがた》中学から来た生徒だ。責任感の強い熱い男だった。バイスキャプテンでスタンドオフの森功至も良い選手だった。卒業後は、東海大学からクボタスピアーズに進んで活躍した。

森のことで覚えているのは、天理高校との試合前日に胃けいれんで入院したことだ。それくらい緊張をする男だったが、当日は試合にやってきた。2年生にも良い選手が多かった。岸和田のほか、プロップ土井貴弘（明治大学→ＮＥＣグリーンロケッツ）、フルバック奥田浩也（明治大学↓パナソニックワイルドナイツ↓北海道バーバリアンズ）、スクラムハーフ西村渉（帝京大学↓NTTコミュニケーションズシャイニングアークス）らがいて、モールの強いチームだった。

2003年11月24日、橿原陸上競技場で行われた全国大会奈良県予選の決勝戦は、前半で20−3と差をつけ、後半は無得点だったがなんとか逃げ切った。

全国大会では初めてBシードされ、2回戦から出場。奥田浩也の活躍もあって、広島工業に57−3で勝ったが、3回戦で茨城県の清真学園に12−40と敗れた。

教師生活最後の決戦

天理高校とは毎日戦い続け、2020年度の全国大会予選決勝でもぶつかった。これが、教師生活最後の予選決勝であり、最後の天理との戦いだった。

新型コロナウイルス感染症の拡大で、非常に難しい一年だった。学校が休校中は不慣れなパソコンと格闘しながら、オンラインでトレーニングとミーティングを繰り返した。とにかく、やり切らせてやりたい、力を出し切らせてやりたい、その一心だった。

近畿高校ラグビー大会、全国高校ラグビー大会（花園）の奈良県予選における天理戦成績一覧

年	近畿大会予選 御所工・実 ー 天理	花園予選 御所工・実 ー 天理
1991◎	●9－10	●6－16
1992◎	●0－12	●0－70
1993◎	●5－8	●0－19 ※
1994◎	○24－5	●8－26 ※
1995◎☆	●5－50	○31－15
1996◎	●0－29	●17－32
1997◎☆	○19－0	○15－10
1998◎	○19－15	●12－27
1999◎	○19－10	●7－32
2000◎	●0－57	●11－32
2001◎	○17－0	●3－6
2002◎	●0－8	●12－22
2003◎☆	○26－7	○20－13
2004◎	●5－24	●15－38
2005◎	――	●10－27
2006◎	●24－38	●5－10
2007◎	――	●8－19
2008◎☆	――	○33－12
2009◎☆	○3－0	△10－10 （※抽選で御所実が勝利）
2010◎☆	●11－17	○24－17
2011◎☆	○17－5	○38－15
2012◎☆	――	○24－19
2013◎	――	●12－15
2014◎☆	○22－21	○17－12
2015◎	――	●5－6
2016◎☆	――	○18－7
2017◎☆	●17－24	○21－19
2018◎	○15－8	●5－20
2019◎☆	――	○22－10
2020◎☆	――	○19－14

◎は近畿大会出場年、☆は花園出場年
○は御所工・実の勝ち、●は御所工・実の負け
※は準決勝での対戦。93、94年以外は花園予選決勝で対戦

3月から6月まで練習ができなかったことで、試合のために課題を修正すること、リーダーを育てること、チームワークを作るための基礎を打ち込むことができなかった。7月下旬から10月の短期間でチームを作るには、例年より厳しくやるしかない。

登根大斗《とねだいと》、安田昂平、平井半次郎、小林龍司ら中心選手には特に厳しく当たった。時間に余裕があれば、上手くいったことを褒めて伸ばしたいのだが、時間がなかったので、上手くいかない時間帯をあえて作り、成長をうながした。平井、久常、津本という3名のコーチが彼らのメンタルのサポートをしてくれた。そして、最後に解き放った。

決勝戦は11月8日、橿原運動公苑陸上競技場で行われた。この試合の前日、多くのOBが激励の言葉を送ってくれた。それを映像で中谷先生が編集し、みんなで見る。それもモチベーションを上げるために大いに役立った。

天理高校は前評判が高く、この試合でもバシバシと体を当ててきた。何度も跳ね飛ばされ、最後まで持つのか不安になるほどだった。天理はミスをしないので、ボールをなかなか取り戻せないのだ。

前半は12－14で負けていたが、後半、ナンバー8蓑洞功志《みのほらこうじ》のトライでなんとか勝利することができた（最終スコアは、19－14）。フォワードの縦攻撃を軸にゲーム運びをし、スクラムハーフがコントロールしながらやり切ってくれた。第100回の記念すべき全国高校大会に出場できることも嬉しかったが、もう少しの時間、最高の仲間たちとチャレンジができる喜びを感じた。

絶対はないが、みんなで絶対を信じよう

教師生活では最後の天理高校との戦いだったが、天理の存在が御所を強くしてくれたことは間違いない。

天理高校が独自のラグビーをしているのであれば、御所も独自のラグビーをしなければ、勝つことはできない。そう思ってきた。もし、天理高校のような強大なチームがいなかったら、僕が教えるラグビーの質はもっとつまらないものになっていただろう。

人生は上手くいかないことが多い。僕にとって、天理高校との戦いは、上手くいかないことの連続だった。それでもあきらめずに乗り越えると、全国大会ではいろんなことが上手くいく。成長させてもらえるのだと考えるようになった。

花園に出場させられないと、指導者として責任を感じる。生徒に「やり切らせる」ことは指導者としての目標だ。しかし、やり切らせて、それでも勝てなくて泣いている姿を見たときに、自分がこの子たちとともに過ごさなければ、この涙もなかったのに、まして怪我をすることもなかったのに、と思ってきた。

でも、いまは違う。やり切って負けるのであれば、将来につながる。上のカテゴリーで日本代表を目指せと、送り出すことができる。そう言えるようになった。しかし、天理になかなか勝てない時代は言えなかった。実績を作ってやることができずに卒業していった子供たちには申し訳なかったと思う。

勝利ばかりを追いかけることについては、さまざまな意見があるだろう。僕も勝つことだけを追い求めるのは違うと思っている。「勝つ」とは、相手に勝つことではなく、普段の練習でやっていることが、相手がいるなかでできるかどうかに「勝つ」ということだ。

勝敗はどっちに転ぶか分からない。信じて戦って負けたときには、指導者が悪かったと潔く思えればそれでいい。指導者が一生懸命やってきたことを生徒がやってくれて、上手くいったら、それは生徒がやり切ったということだ。

勝ち負けは、後から勝手についてくる。それを信じるか信じないかだけだ。僕は試合前、「絶対を信じてやり切ろう」と言って選手たちを送り出す。

勉強したことを解答用紙に書こう、ということだ。それが間違っていたら仕方ない。まずは書いて勝負しよう。

フィールド内で書けるか書けないか、やれるかやれないか。やらせてもらえないのは、相手の戦術の方が上なのかもしれないし、いろんな要素がある。どんな相手でもできるように構築してあげることが指導者の役目だ。

天理に勝つことだけを考えていたら、勝てない。2回の全国大会出場までは勢いで行けたけれど、その後の5年間は、強いチームだったのに負けたことがある。それは僕の責任だ。おそらく、あの頃の僕は、天理高校との勝ち負けだけにこだわっていたのだろう。

天理はとてつもなく大きな壁だ。僕が常に部員に言い続けたのは、「こだわること」だった。人が気づかないところに目を向けようとする態度、人の何倍も働こうとする積極性、人のことを考えてやれる思いやりとゆとり、どれもこれも人間として、スポーツをする人にとっても、大切なことばかりである。ラグビーとは人生そのものだとつくづく思う。

天理高校との切磋琢磨が人生にとって大切なことを教えてくれた。真面目ばかりでは勝負できないということだ。真面目と真剣は違う。真剣＝本気でなければ、小さなミスが大きなミスになってしまうのだ。真面目な集団は指示されないと動けない。真剣な集団は一度ミスをしたら、それを繰り返さないように自ら動き始める。常にありうる行為の準備をしている。

2021年1月24日、奈良県の近畿大会予選で、天理に7－39で敗れた。モールで4トライされた。いままでモールでそこまでトライされたことはない。ラインアウトからのモールなのだが、同じことを4回された。常々、「同じことを2回されたら勝てない」と言っているのに対応できなかった。真面目なのだ。真剣になることが大事なのである。

人生には常に楽なこととしんどいことがある。常にしんどいことを選ばせるように指導している。真剣になれば、表現、表情、挨拶、発言、行動が変わっていく。このプロセスに気づくような高校生活を送らせてやりたい。それをリーダー陣に落とし込んでいくのだ。

天理高校との真剣勝負は、これからも生徒を成長させてくれるだろう。

第6章　リーダーを育てる

リーダー教育は新入生のときから始める

チームを構築する上でリーダーの存在はとても大切だ。僕は部員が1年生の頃から、リーダー教育を重視している。

新入生（2020年度の1年生は31名）が入部してきたとき、まずは選手の資質を見極め、主体的に前に出てきそうな生徒と、将来伸びてきそうな生徒を、5、6名、リーダーに指名する。彼らを中心に3年間という時間を使って育てるのだ。

その過程で他にもリーダー的な立場になることができそうな生徒が出てきたら増やしたり、減らしたりして調整している。初めて会った生徒が、どんな資質を持っているかが分からないので、一緒に生活をする機会を作って見極めることにしている。

入学前にラグビー部の合宿に参加してもらい、行動を見ることもある。さまざまなことに対する洞察力があるかどうか、日常生活がしっかりできる子かどうか、ラグビー以外のところも観察する。

週末ごとにセミナーハウスで合宿するのだが、そのときは保護者の皆さんに食事などを作ってもらって、いろんな角度から生徒たちの行動を見ている。

時代とともに生徒の質は変化する。僕の印象だが、平成生まれの生徒は考え方も違う。泣いたり、すねたり、表情、態度に出る人間が増えてきた。こちらもエネルギーを使うし、辛抱しなくてはいけないことはたくさんある。

リーダーを選ぶときは、いかにも統率力があって、言葉も巧みでキャプテンになりそうな生徒だけではなく、まったくリーダーらしくない、やんちゃな子を指名することもある。そういう生徒も役職を与えると変わってくるのだ。

1年生は夏の菅平合宿が終わるまではお客さんという扱いをしている。1年生はハードな練習だけで疲れているし、気持ちの余裕もないので、雑用などは2年生、3年生に任せる。まずは御所実業高校のラグビー部はどういう部なのかを見て覚えてほしいのだ。

こうして1年生に何もさせないと、1年生のリーダーが率先して先輩たちの仕事を手伝うようになってくる。指示されて動くのではなく、自発的に動き始めるのが大切だ。

リーダーで話し合う機会もたくさん設けている。授業が始まるまでの朝、昼間、練習前にリーダー研修をしている。

まずは、朝8時10分くらいからリーダー研修会だ。これは、1年生が入部してきたらすぐにやり始める。いまはラグビー部の強化にとってどういう時期で、何をすべきなのか、問題が起きている学年があったら、それをどのように解決するのかを考える。分からないときは指導陣にアドバイスを求めてもらうことにしている。

話す内容については、僕はヒントをあげるだけだ。特に入学当初はリーダー研修会のときに、どんなことをやっているか、1年生のリーダーに落とし込んでいく。こちらから解答を出してはいけない。彼らが考えたことに対してアドバイスしていくのが大事だ。

リーダー研修会が終わると、1年生のリーダーが、他の1年生に話し合ったことを伝えていく。本格的な練習が始まる前にやっておかなくてはいけないことはないかを話し合うのだ。1年生は何も分からないので、では、自己紹介をしようとか、LINEのグループを作ろうかなどと話し合っていて、それは微笑ましい。

選び方、役職は毎年変える

各学年のリーダーにはそれぞれ役割があるが、3年生のリーダーは物を管理する大事な仕事がある。

御所実業のラグビー部には原則として女子マネージャーがいないので、大学ラグビー部の主務のような仕事も選手が受け持つ。部員約90名の大所帯なので、ラグビー用具に関しては管理も大変だ。

練習中、チーム分けをするときに着用するビブスは毎日使うので、毎日洗濯もする。これは怪我で練習を休んでいる選手を中心に行っているが、管理は3年生だ。公式戦のジャージ類なども3年生が管理する。

この他、たくさんのリーダーを作っている。フォワードリーダー、バックスリーダー、主務的なリーダー、プロップリーダー、ラインアウトリーダー、スクラムリーダーなどだ。

2020年度のバックスの選手には、主体的に前に出てくる生徒が少なかった。そういうときは、話し合った内容を発表する回数を増やすことで、人前でしゃべるクセをつけている。それを全員に一年に一回やらせるのが、夏の天川村での合宿なのだ。一年間、しっかり活動している生徒はしっかり話せるし、自分の考えを人に伝えることができるようになる。

リーダーの置き方は、学年によって違う。ここは大事なところなのだが、リーダー選びにマニュアルのようなものを作ってはダメだ。生徒の資質も、チーム全体のバランスも毎年、変化がある。だから、リーダーの置き方もそれぞれの学年の実態に合わせて毎年変えなくてはいけない。役職名も決めてしまうのは良くないと考えている。年によって必要なリーダーの役職も変わってくるはずだからだ。

男子だけの部ということもあるのかもしれないが、管理はうまくできないことが多い。ウォーミングアップ、S&C（ストレングス&コンディショニング）の管理など、途中からリーダーが増えることもある。組織図は作らない。各学年で築き上げる一年間でありたいのだ。

3段階があるリーダー像

2020年度の3年生に、武藤巧樹《こうき》というプロップがいた。武藤はレギュラーで出場しながら、公式戦のジャージや、練習試合で飲むドリンクの管理、寮長もやっていた。穏やかで、人に何かを依頼して嫌な顔をされるくらいなら、自分がやってしまうタイプ。その場の空気を読める生徒だった。

安田昂平、登根大斗、平井半次郎は練習に対する準備のリーダー。練習メニューを組み、指導者とコミュニケーションをとる係だった。役割のまったくない部員はいない。みんなが何かの役割を果たし、全員で動くことを基本にしている。

2020年春に入学してきた1年生は、コロナ禍で練習ができず、少し出遅れたが、そのなかでも洞察力のある1年生は自ら率先して動いていた。

リーダーには3段階があると考えている。

- ゴミが落ちていても見えない人
- ゴミが落ちているのが見える人
- ゴミが落ちていると拾う人

ラグビーでいえば、こうなるだろうか。

- 自分だけで行動し、仲間のことを考えていない選手

- 基本動作は上手いが、試合につながらない選手
- 失敗を恐れず、チームを鼓舞し、全体を俯瞰できる選手

さあ、お前はどのリーダーなのか？　と問いかける。見えない人にはどうやってアプローチすればいいのか、どうアプローチすればゴミが見えるようになるかを考えてもらう。恥ずかしがらずに拾えるようになり、見えて、拾えて、掃除までするようになるには、その人にどうアプローチすればいいのか、ということだ。

できないことをできるようになるために合宿をする。一緒に生活することで、仲間の性格の良さを知り、自分を知ってもらうこともできる。また、集団生活のなかで上手くいかない出来事を、みんなで解決して、各人の良い面を引き上げることができる。毎週セミナーハウスに全部員で泊まり、その合宿を通じてみんなで成長してほしいと思っている。

週末の合宿には、保護者の皆さんにも参加してもらい、ご飯も作ってもらう。御所実業のラグビー部で子供たちがどんな時間を過ごし、どんな教育が行われているのかを見てもらいたいと思っているからだ。

子供が学校で先生に叱られたことについて屁理屈を言い、その言葉だけを信じる親がモンスターペアレンツになっていく。そのこと自体を問題視するだけでは解決しない。僕もそういう事態に遭遇したことがあるが、逆に親から前向きな意見をもらえるような環境を作ればいいのではないかと逆転の発想をした。

それがセミナーハウスの週末合宿だ。親御さんにも栄養士さんのセミナーを受けてもらう。親同士も勉強会をしてもらう。親が一生懸命になれば、子供たちも、親がこれだけやってくれているのだからと一生懸命やるようになる。両方が変わってくると思うのだ。

3学年でグループを作る効用

ラグビーのキャプテンは、重責を背負っている。監督がサインを出して試合を進めるのではなく、試合が始まると相手が反則をした際の攻撃選択など、すべてキャプテンが判断しなければいけないからだ。レフリーとのコミュニケーションも大切で、原則としてレフリーはキャプテンに注意し、それをキャプテンが他の選手に伝える形をとる。

そういう重責もあり、キャプテンは練習中からチームをぐいぐい引っ張るし、キャプテンになる選手は立派な人格者が多い。

しかし、しっかりしているからこそ、責任がすべてキャプテンに行ってしまいがちだ。キャプテンに対して不平を言う生徒も出てくる。

ここで大事なのは、なんのために御所実業でラグビーをしているのか、御所実業はどんなチームかということを生徒たちに落とし込むことだ。

まずは、自分たちのチームがどんなチームなのかを明確にしなければ必要なリーダー像は出てこない。そのなかでリーダーをどう育てるのかを考える。みんなでリーダーを作り、育てるのだ。

リーダーは人の前で話す機会が多く、チームを代表して前に出ることが多い。自然にチーム全体のことを考えるようになるものだ。

僕は、リーダーの資質があると感じる選手はわざとリーダーにしない。そういう選手は放っておいてもリーダー的な動きをするようになるからだ。リーダーの資質のある生徒がそこに入ると、最初から引っ張ってしまう。他の生徒の考える力が育たず、結局は新しいリーダーが生まれてこない。

毎年、新しくリーダーを作ることが僕の楽しみでもある。3年生には、「お前らの学年のチームやで。お前ら3年生を目標にいまの2年生がおるんやで」ということを常に言っている。前年のチームを見ていれば、継承した方がいいことと、継承してはいけないことが部員たちにも分かる。そこを目指してみんなが話し合いをする。一学年上を目標にした方が、みんなが目標を作りやすいのだ。

リーダー制にしたのは、第77回の全国大会に出場したことがきっかけだった。このときは強いチームだったが、僕の指導者としての勉強不足で2回戦で負けてしまった。生徒の個性を活かせなかった。そこからリーダー制を採用することにした。やんちゃな子が多かったから、いろんなところに目を置かないといけないと感じたからだ。

僕は、もっともやんちゃな生徒にリーダーをやらせた。もし誰かが悪いことをしたら、リーダーが坊主頭になる罰則もある。そうして、自覚をうながした。

3学年にまたがるグループもいくつか作った。そのグループのなかの1年生が悪いことをしたら、3年生が謝るようにした。

全部員でのミーティングで、その日に学校であったことを報告してもらう。すると、あるグループの1年生が出てきて、「きょうは、授業中に携帯が鳴って先生に叱られました」と言った。その後、同じグループの3年生が出てきて謝る。謝るだけではなく、改善策を言わせる。

「携帯を体育教官室に預けるなどして、今後、そういうことをさせないようにします。すみません」

1年生が同級生とケンカしたら、3年生が、「周囲に配慮しながら、この子にもう少し辛抱させせます」と話す。

これには一つの狙いがある。1年生に早くチームの仲間になってもらいたいのだ。こうしたグループを作ると、仲間を守ろうとする意識が強くなる。これはラグビーをするグラウンドにも表れる。自分のチーム（グループ）が注意されることを嫌がるようになる。なぜ、そんなことをしたのか、いつも世話になっている先生や親に申し訳ないじゃないか、という感覚になれば、昔のようにケンカしたり、平気で喫煙したりするような人間が出てこなくなる。

監督になりたての頃は、この高校にたまたま進学してきて、僕の誘いでラグビー部に入る生徒が多く、やんちゃな生徒も多かった。ラグビーをするのが目的で入学したわけではないので、平気でケンカをする。ラグビーの指導とは別のエネルギーを使ったものだ。グループ制、リーダー制を採用してからは、そういう子は一人もいなくなってきたように思う。

カリスマリーダーは必要か

２０１４年度のチームには、竹山晃暉《こうき》（帝京大学→パナソニックワイルドナイツ）がいた。奈良県の河合第二中学の頃から、ラグビーセンスは光っており、竹山が中心選手だった奈良県中学校選抜は、全国ジュニア大会でも優勝したほどだ。

彼はスター選手だったが、キャプテンにしてはいけないと思っていた。それはなぜか。竹山はいい加減な態度で練習している部員がいたら、「本気じゃないなら、ここにおらんでええから、出ていけ」とハッキリ言うタイプなのだ。

これは悪いことではない。しかし、誰よりもラグビーが上手く、話もできる選手がキャプテンになると、チームの底上げができない。多くの選手が萎縮して伸びないという現象が出てくるものだ。

竹山の学年のキャプテンには吉川浩貴《よしかわこうき》（帝京大学→NECグリーンロケッツ）を指名した。吉川は学業も優秀で学内でトップクラス。さまざまなことに理解力があり、全体を把握する力もあったが、口数は少なめだった。だからこそ、竹山のように機転が利いて、しゃべることができる生徒がサポートに回る方がいいと考えた。

おそらく、竹山はなぜ自分にチームを任せてくれないのかと思っていただろう。しかし、チームをまとめるのは吉川が適任だった。僕は毎朝、吉川とミーティングをした。すると、吉川の口から3、4名の名があがった。そういう選手が竹山に「言いすぎだ」と指摘したり、竹山に叱られた選手をサポートしたりし始めた。竹山の良さを活かしながら、チームとして機能するように吉川キャプテンや他のリーダーが気を配っていた。

周りの人間も、リーダーともみ合いながら成長していかなくてはいけない。大人に近づかないといけないのだ。チームのなかで生徒同士がぶつかるレベルで、いまのチーム力が分かる。常に主体的に行動させて、ヒントを出していけるようにしなくてはいけない。

僕は生徒たちを、都合のいい大人にだけはならないようにしたいと思っている。誠実から成熟に至る線路だけ作っておいて、そこにリーダーを置き、たくさんの物事に対してのアプローチを考えていく。どんな線路にするか、毎年、生徒の実態によって考えている。リーダーのあり方によって、線路の幅も狭かったり、広かったりと変わってくる。

キャプテンの選び方

キャプテンの選び方は毎年違っている。たとえば、2020年度のチームはみんなやる気があるのだが主体性のない子が多く、大事なときに言葉が出ない。これは、いまの子の特徴だと思うし、歯がゆくて仕方がないのだが、そこは指導者も辛抱である。

キャプテンを務めたのは、スクラムハーフの登根大斗だ。大阪の摂津市立第一中学でラグビーをしているときに、現在の御所実業の二ノ丸友幸コーチと出会い、御所にやってきた。毎日のように二ノ丸コーチと連絡を取り合うなど、向上心旺盛な選手だ。

自分に厳しく、自分で何もかも解決しようとする。一人でも学校周辺のごみを拾ったりできる生徒だ。辛抱の甲斐があって、全国大会奈良県予選では天理に勝つことができた。

僕は、やんちゃな生徒は必ずリーダーにする。一番やんちゃな生徒は親分肌なのでリーダーの素質を持っている。それを良い方向に使うようにすればいいだけだ。

アドバイスして、線路から外れないように導き、その線路をだんだん狭めていけばいい。線路の太さを考えながら、ここまでは許せるけど、ここは許せないというアプローチの仕方を、時間をかけてやることが大事だ。そして、真面目な子、勉強ができる子、誠実な子、機転が利く子、そういう生徒をリーダーにする。

そうしてリーダーとしての働きぶりを観察していると、3年になってキャプテンになる部員は分かってくる。

菊谷崇の一学年下はチームとしては部史上屈指の強さだった。日本一を狙えると思っていたほどだ。練習試合をしても、どこにも負けなかった。ただ、天理高校には負けた。奈良県予選決勝のスコアは、12－27だ。御所工業には、スクラムハーフ田辺光宏（大阪体育大学→日野自動車）、スタンドオフ松井陽介（専修大学→ホンダヒート）がいた。松井は高校日本代表でニュージーランド遠征にも行った。高校からラグビーを始めた選手もいたが、みんなラグビーが大好きで、能力が高かった。

ただ、やんちゃな子が多かった。個性的な選手が多く、信用、信頼し合うチームワークを作れなかった。束ねることが難しかったのだ。指導者として勉強になったシーズンだった。

理想は全員がリーダー

印象的なキャプテンは、前述した吉川の他にもたくさんいる。第96回全国高校大会（2016年度）に出場したときの北村将大（帝京大学→トヨタ自動車ヴェルブリッツ）も素晴らしいリーダーだった。学業は優秀、主体的に行動できて、チームを鼓舞してくれた。ベスト4で東福岡に一点差で敗れたが、優勝できるチームだったと思う。

第99回全国高校大会（2019年度）に出場したときのキャプテン、石岡玲英《れい》（法政大学）も印象深い。石岡は1年生のときから何事にも真面目に取り組んでいた。春先から、僕がいつも言っていることを同じ言葉で先に言うところがあった。チームメイトは少し引き気味で、学年で一人浮いてしまった。それでも石岡は言い続けていた。僕に何も言わせないのだ。

言い続けているうちに、玲英が言っているのだからやろう、玲英があれだけ頑張っているのだからやろう、という雰囲気になって、チームの絆が深くなっていった。

僕の息子（四男）の祐将《ゆうしょう》がキャプテンのときも、僕に何も言わせなかった。試合中、タッチラインの外からいろいろ言葉を発していたら、「監督に言わすな！」と言っている。僕が、「祐将、こっちへ来い」と呼ぼうとしても、「行きません。僕らでミーティングします」と無視する。

そのミーティングでは、「いま、俺らがやらなあかんことはなんや！」と話している。僕に何も言わせないということでは、印象に残るキャプテンだった。ちなみに、息子たちのなかで、キャプテンを務めたのは祐将だけだ。

僕がタッチライン際から大きな声を出して言い続けるのは、その場であり得る行為の準備のことだ。いままでやってきたことを思い出させるのではない。たとえば、ボールをキャッチする選手の周辺の選手たちに向かって、「こぼれ球に対する準備をしろ」と言う。基本的な動作に対することがほとんどだ。

60分間、すべてにおいて準備をすることは、高校生ではなかなかできない。その鍛錬をするために練習をしているつもりだ。ミスをしないために周りの選手とコミュニケーションをとる。相手が何をやろうとしているかを見抜く術も磨いている。相手がやってくることを見抜けないと準備はできないし、見抜けないと言えない言葉もある。

その言葉をキャプテンが小さい声でぼそぼそ言っても伝わらない。伝えたことが行動に表れなければ伝わったことにならない。行動が生まれることで初めて伝わったことになるのだ。

2人目のプレーヤーがボールにファイトしに行くなど、基本的な動作についても細かく、これでもかと伝えていく選手が増えたら、ミスが起きても大きなミスにはつながらない。出たとこ勝負で、後手後手に回るようなら、主導権は握れない。常に先手先手を打つ。打ち続けると人間の偏差値も上がるし、言葉の伝え方が変わってくる。言葉も変わる、表現力も変わる、態度も変わる。動作も変わってくる。いい大人になれる。イコール日本一になると思っている。

振り返れば、良いリーダーがいるときは全国大会でも上位に進出している。信頼という大きな力で、周りがリーダーを支えるからだろう。

祐将の一学年下に竹井勇二というキャプテンがいた。地元の郡山中学から来た選手で、卒業後は帝京大学、トヨタ自動車ヴェルブリッツに進んだ。兄の勝彦も御所でプレーし、帝京大学、三菱重工相模原ダイナボアーズに進んでいる。

竹井勇二のポジションはスクラム最前列のフッカーだった。人格者で物静か。黙々と自分のプレーをする選手だった。学校でもクラスの仕事はなんでも一生懸命やっていた。チームメイトが役割を果たしていなくても、「なんで、お前らやってくれへんねん」という優しい言い方をする。みんなをぐいぐいと引っ張るキャプテンではなかったが、みんなに信頼され、支えられていた。

第92回大会では、2008年度以来2度目の決勝戦進出を果たした。決勝戦では、常翔学園（大阪）と対戦し、現在はセブンズ日本代表の松井千士《ちひと》に決勝トライを奪われ、14－17と3点差で敗れた。後半15分くらいまでは日本一だったのだが、常翔学園が強かった。試合直後、悲しそうな顔をしている竹井の胸を叩き、「笑おうぜ」と言ったことを覚えている。

竹井を見ていても思うのだが、キャプテンとしては、しっかりした参謀がいて、周囲の人がチームを構築してくれるという状況が一番良い気がする。リーダーのなかで、みんなから一番信頼されている人間がキャプテンになればいいのではないか。キャプテンの重責で良いプレーができなくなる選手もいる。キャプテンの気持ちをみんなでくんで重荷を下ろしてやることが大事だ。

その翌年の第93回大会は、奈良県予選決勝で天理高校に12－15で敗れて出場できなかった。このときのキャプテン中川将弥は進学した京都産業大学でもキャプテンになった。その活躍を喜んでいたのだが、4年時の関西大学Aリーグの試合中に頸椎を損傷し、下半身不随になってしまう。それでも彼はあきらめなかった。先生や仲間に支えられ、驚異的に回復し、いまではウィルチェアラグビー（車椅子ラグビー）をするほど、気持ちも前向きになった。仲間に助けられ、あきらめずにやり切る。これが本物のキャプテンシーかもしれない。

それぞれの選手は得意技を持っている。その得意技を活かした部分的なリーダーがたくさん増えると、みんなが仲間から頼られる人間になってくると思うのだ。信頼されれば、全体的なことを考えるようになるものだ。

いまの子は、すぐ誰かのせいにする。リーダーをキャプテンだけにしてしまうと、すべてキャプテンのせいにするだろう。キャプテンのせいにしないために、いろんなリーダーを作るのだ。スクラムリーダー、ブレイクダウンリーダー、ゲームのリーダー、管理のリーダー、フィールド外にもたくさんのリーダーを作る。全員がそれぞれの分野に責任を持ち、視野も広く持つようになる。それが理想だろう。

第7章　人間の偏差値

ダブルゴール・コーチング

やんちゃな生徒が多かった時代に考えたのは、生徒たちを少し大人にしないといけないということだ。人間の偏差値を上げるのである。

「楽なこと」と「しんどいこと」が目の前にあるとき、常に「しんどいこと」を選べば、逃げない生徒、困難に立ち向かう生徒、何事もやり切る生徒が生まれてくる。それが人間の偏差値を上げることにつながるのだ。

ラグビーは好きだから、学校を休んでも放課後だけラグビー部に練習に来る。ラグビーの練習は辛抱できるのだが、授業は我慢できない。そういう生徒がいた。どちらか一つしか我慢できない。

そういう行動は、試合に出てくるものだ。3－6、5－8、12－15という僅差のスコアで天理高校に負け続ける時代があった。そのとき感じたのは、ちょっとした駆け引きや、洞察力の差が勝敗を分けるということだ。

だから、人間の教育と、競技力の向上という「ダブルゴール・コーチング」が必要だと感じたのだ。

これはやんちゃな生徒が多い時代に考えたことだが、真面目な良い子が揃うと勝てるのかといえばそうではない。御所実業高校ラグビー部はタックルができないとレギュラーになれない。タックルする勇気が必要になってくる。それは真面目な良い子というだけではできないことだ。気性が激しく、ハングリー精神を持った人間が、素晴らしいタックラーになっていくことはよくあることだ。タックルに入るポイントをつかめば、誰でもそれなりに相手を倒せるが、ターンオーバー（ボールを奪い返すこと）を狙うようなタックルはなかなかできない。ボールを奪い返すところまで仕事ができる選手をどう育てるか。ここが難しいのだ。

コップいっぱいの水

どのようにダブルゴール・コーチングを実現すればいいのかを述べていきたい。教師である限り、ラグビーを通じて生徒に何かを植えつけなくてはいけないと思っている。だが、生徒一人一人で度量は違う。個々のキャパシティーをコップにたとえると、それぞれが持つコップの大きさが違うのだ。

だからこそ、それぞれに違ったアプローチをする。僕は、生徒にきつく当たることが多い。きついことを言いながら、うまくいかない練習を意図的に繰り返して、その生徒を攻撃していく。そして、ここが成長する瞬間だと思ったときに解き放つようにしている。

まずは、生徒を観察する。何かを注意されたときに言動が変わったり、表情が変わったり、逃げようとしたりする生徒がいると、コップがこぼれそうなくらい攻撃する。

その子は、「みんな同じことをしているのに、僕ばかり言われる」と不平を言い始める。そこまで追い込む。周囲の生徒は、その生徒が追い込まれて苦しんでいることが分かっている。でも、知らないふりをする生徒が多い。機転が利く生徒がいると、なぜ攻撃されているのか、アドバイスをしてくれる。チームを作るときには、そうやって仲間をサポートするような力が必要になってくる。それが大人になることにつながっていくと思うのだ。

小さなコップに水を入れようとするとこぼれてしまう。こちらが水をどんどん注いでいくと、生徒の反応は「こぼれてもいいから入れてください」と、「こぼれるから入れないでください」という2通りに分かれる。

こぼれてもいいから入れてくれ！　と言われたら、大きなコップに変えてあげようと思う。小さなコップがこぼれることが分かってチャレンジしない子は、逃げるような態度をとる。こちらがそれを放っておくと、この生徒のコップは永遠に大きくならない。このキャパシティーをなんとか大きくしてやりたい。将来につなげてやりたいのだ。

すべての部員にアプローチするわけではない。

部員が100名いたとしたら、レギュラー30名は放っておいても自主的にできるグループだ。真ん中の50名と下の20名は目的意識が低い。だから、僕は真ん中の50名の中の30名に圧力をかける。

その30名を選ぶのは選手の実態を観察してからだ。泣いたり、すねたり、逃げたり、誰かの責任にしたりする生徒。人の話を聞く力がなく、聞いたことをアウトプットする力もなく、コミュニケーション能力が低い生徒。言われないと動かず、自ら考えて行動する力がない生徒をターゲットにする。そして、リーダーにしてアプローチしていく。

コップいっぱいに水を入れていいか？　と聞くと、「入れてください」と言うのは上の30名で、「入れないでください」と言うのがほとんどだ。

2020年は、登根大斗がターゲットだった。17歳以下の日本代表にも選出された優秀なスクラムハーフで、チームのリーダーである。

しかし、2020年3月の近畿大会ではうまくプレーできず、逃げた。逃げるというのは、あきらめるということではなく、何もかも自分一人が背負い込んだような態度になったということだ。みんなをまとめることをせず、自分で何もかも解決しようとした。

そこから、約4カ月、新型コロナウイルス感染症の拡大で、チームの全体練習ができなくなった。僕自身、初めての経験だったが、じっとしていても仕方がない。慣れないオンラインでのトレーニングを開始した。

オンラインのミーティングでは、御所実業高校ラグビー部とはどんなチームなのかという原点に戻る話をした。

攻撃されている登根を守るために周りがどうするか。「信頼の束」になるような雰囲気を、登根を攻撃することで作っていった。

人間は筒がいっぱいになると、本性が出るものだ。その本性を出させて、その子をどうするかを考える。この子はもう少し辛抱して攻撃した方がいい、いや、この子はそろそろ解き放たないといけないなど、その都度判断している。

登根の場合は、10月頃に解き放った。そこからは何も言わないことにした。今回はコロナ禍でじっくりチーム作りをする時間がなく、登根にはかなり厳しいことも言った。かわいそうだったかもしれない。それでも彼は耐えてくれた。そして、10月後半からはチーム全体を俯瞰できるリーダーとしてプレーするようになった。

「尊敬のジャージ」という儀式

2020年11月8日、全国高校大会奈良県予選の決勝戦が行われた。僕は、この決勝戦を高校生活の最後の公式戦だと位置づけている。負けた場合は翌日から新チームに切り替わるからだ。

3年生は最後の公式戦でのファーストジャージ獲得を全力で目指す。試合に出ることができなかった部員には、「尊敬のジャージ」を着させることにしている。試合前日に、お別れをさせてあげるのだ。

親と関係者に対しての感謝、他の部員に対しての感謝を自らの言葉で告げ、自分より大きなタックルバッグ2つにタックルをする。

「お父さん、お母さん、おばちゃん（僕の妻のこと）、美味しいご飯をありがとうございます。朝早くからお弁当を作っていただいてありがとうございます」

部員たちは関わってくれた先生方へのお礼、ファーストジャージを着る者に対してのメッセージ、下級生へのメッセージ、そして、この尊敬のジャージを持って自分は将来どうしたいのかを述べる。

こうして、ファーストジャージをもらった者、もらわなかった者、関わる人々すべてが一つになる。「WE ARE ALL ONE」になるわけだ。

「尊敬のジャージ」は、平成10年くらいから言い続けている。それ以前は、打倒・天理だけを目標に戦っていたが、それでは人間としての成長につながらない。いまでは、対天理ではなく、自分たちがやってきた練習に矢印を向けるようになった。

試合に出られなくても、最後の天理戦を目指して日々積み重ねた努力は尊いものだ。なんら恥じることはない。試合に出られる人数は限られている。努力はしたが、届かなかった部員に「尊敬のジャージ」を渡すことになった。

「尊敬のジャージ」は、相手をリスペクトするという意味のジャージだ。3年生と過ごす時間はこれで終わりかもしれない。みんなでこの日を大切にしよう、という時間にしたかった。何か物を与えるわけではなく、みんなで称え、ご苦労さま、役割と責任を果たしたね、という儀式だ。大人になる節目、高校3年間で培ったものの集大成と位置づけている。決勝戦で勝てば、再び全国大会に向けてメンバー選びが始まる。みんなが頑張る機会ができるのだ。ただし、ここからは、3年生と下級生が同じ実力であれば下級生を試合に出す。それは、1年生のときから全員に伝えてある。

リーダーにあてた手紙

チーム作りとしては奈良県予選の決勝に照準を絞るので、そこまではリーダーを個人攻撃しながら、周りの人間がどうサポートしていくか、その攻撃に対して、周りはどう考えているのかを見ている。ヒントをあげることなく攻撃する。どう変わるか見ているのだが、なかなか変わってこないときは、ヒントを与えることにしている。

「リーダーが全部やっているけど、本当は、自分らがやるべきことじゃないのか」

２０２０年の奈良県予選決勝戦（11月8日）の一カ月前、僕の家で暮らすメンバーに危機感がないと感じて、リーダーに文章で伝えたことがある。

≪誰でも全国のベスト4以上になれると思っている。ＯＢができたから自分らもできる。そんな甘い考え方がいまの3年生やリーダーにある。

自分のチームが最後までやり切るために、いま、何をすべきなのか、何をアプローチしていかなければいけない時期なのか？　何も考えずに生活している上級生がいる。

自分に厳しくするなら、人に対してこのタイミングで許してはいけないことがあるのではないか。人に対して自然と厳しくなるのが当たり前ではないか！　チームワークを上げる気があるのか。この練習をこなすだけで次にどうつながるのか、時期とタイミングを考え、アプローチが必要ではないか。

チームを知ることで準備ができ、サポートができるのではないか。それが本当に伝わったということではないか……≫

みんなが本気になっているのかどうか。なっていない部員がいたら、周りがサポートし、本気にしていかなくてはいけない。そこに気づかなくてはいけない。

こんな文章を手渡したが、今回は、解き放つときに、あえて生徒たちに告げることにした。大人しくて、真面目な子ばかりで、親分肌がいなかった。

「先生に厳しいことを言われているのは、俺らの責任やで」と、一言言ってくれる選手がいればいいのだが、なかなか出てこなかった。

早めに解き放たないと、ストレスをためたまま試合に行ってしまうと感じたのだ。僕は生徒たちに、「これからは、褒めちぎって伸ばします」と言った。

「どうやって、褒めちぎるのですか?」と聞かれたので、答えた。

「黙ることです」

そこからは選手の成長を見守ることにした。

ターゲットは慎重に選ぶ

コップがこぼれてしまうまで追い込むと、生徒が潰れてしまうのではないか、という考えもあるだろう。

だから、僕は追い込む人間をよく観察して選んでいる。一クセも二クセもあって、高慢ちきで、すぐに言い訳をするようなタイプ。こういう生徒は、早く直しておかないと、将来どの世界に行っても痛い目にあうだろう。そこで、一番ひどいと思う生徒は必ずターゲットにする。そういう生徒が毎年、3、4人はいる。

リーダーになる生徒もターゲットにする。ポジションでいうと、スクラムハーフの選手が一番つらい思いをすることが多い。僕は、野球でいえば、スクラムハーフはピッチャーだと思っている。

どこに投げるかによって打たれるコースも変わるし、投げる場所が変わると陣形も変わる。いろんなところを見ておかないといけないし、機転を利かせなければならない。人をまとめる力も必要で、個性も必要。辛抱も大事。それを兼ね備える選手がいないときは、スクラムハーフができる選手をたくさん育て、いろんなポジションに配置する。

スクラムハーフは特に力を注いで育てているのだ。ナンバー8、スタンドオフ、ブラインド・ウイングほか、何をやらせてもできる選手にしている。

個性が強くて、サイドアタックにばかり行く選手であれば、ブラインド・ウイングに置いて、フォワード周辺でプレーをさせる。2020年度の大東文化大学ラグビー部でキャプテンを務めた南昂伸はこのタイプで、ウイングで先発して、試合途中にスクラムハーフになることが多かった。

コミュニケーション能力の劣化と「真心」

僕がミーティングをするとき、人の陰に隠れて目を見せない生徒がいる。そういう生徒には、人の話を聞く態度はそれでいいのか？　と問いかけ、話をする。そして、聞いたことをすぐに周囲の人にアウトプットさせて、人に話す力をつけさせるようにしている。

教師として、昭和、平成、令和と生徒を見てきて思うのは、コミュニケーション能力が劣化しているということだ。人に伝える力がなくなってきていると感じるのだ。

寮の食事でのエピソードを紹介したい。その日の夕食はとんかつだった。僕の妻が、一人2枚ずつとるように言ったのに、なぜか一枚余った。人数×2枚が用意されていたので、誰かがとっていない。テーブルは6つあった。とっていない部員がいるテーブルの仲間は誰がとらなかったか知っているはずだ。

5分ほどしても名乗り出ないので、「誰だ？　こんなことで時間をかけるな！」と叱ったら、手をあげた部員がいた。僕が叱ったのは同じテーブルの仲間だ。知っているなら、そういうことをするな、名乗り出ろと注意しなければいけない、ということだ。「干渉」する力がないことについて叱ったわけだ。

最近は主体的に考える生徒が減っている気がする。人の話を聞く能力が低くなっているのも事実だ。僕がこのことを感じ始めたのは、15年くらい前からだ。多くの生徒がスマートフォンなどを使うようになって、10年くらい前から一気にその傾向が強くなってきたような気がする。

これはラグビー部以外の生徒も同じで、勉強する力を持っている生徒も同じような傾向がある。人が困っていて、その場の空気が悪くなっていても、何もすることなくその場にいて、平気でスマホをいじっている。

我々が子供だった頃には、人の枕もとを通ってはいけない、枕を踏んではいけない、敷居を踏んではいけないなど、おじいちゃんやおばあちゃん、近所の年配の人たちから、いろんなことを言い伝えで聞いていた。これは無駄なことではなく、人をリスペクトし、感謝することにつながるものだ。

いまの指導者は、そうした昔話を語り継がないし、礼節の大切さなどを教えなくなっている気がする。技術だけを教え、練習が始まってからやってきて終わったら早々に帰る指導者も多い。生徒自身のことを見ていないのだ。

生徒より先に学校に来て、一番最後に帰る。それが、僕が教師生活で大事にしていたことだ。体力的にそれができなくなったら、教師をやめなくてはいけないと思っていた。いろんなことで頑張ろうとする生徒が出てきたとき、それを引っ張り上げるのが教師の役目だ。

人に見えないところで努力することは、「真心《まごころ》」だと僕は思っている。見えないところで頑張っている生徒を見てあげないといけない。そこを見ることができない指導者が多くなってきているのではないか。僕が目指すダブルゴール・コーチングは、人間力と競技力の育成はぜったいに外せないと思っている。

「真心」について、一つエピソードがある。

先日、学校のトイレに行ったら、生徒がトイレで四つん這いになっていた。何をしているのかと思ったら、手で便器を洗っていた。

「先生、言ったじゃないですか、手で洗えって」

「そうか。きょうは君のいいところを見ることができた。早くそれに気づいてあげられなくて、ごめんな。こういう行動が人の心を動かす力になる。それが真心なんやで」

そう話すと、彼は、誰も見ていないところで一生懸命掃除をする自分が評価されたことを喜んでいた。彼はこれからも人が見ていなくても努力を怠らないだろう。掃除以外のところにもつながっていくはずだ。

真心は、準備してできるものではない。真心を尽くしたことは、他人は知らなくても、将来、自分を支える力となる。大切なのは日常生活のなかで当たり前のことをできるように人間のレベルを上げることだ。

心の準備をつかむと、心の主導権を握ることができる。常に余裕ができて、人に対する話の仕方とか、回答の仕方とか、態度、表現、表情などが変わってきて、おおらかになる。なんでも許す心ができて、人が嫌がるような仕事でも「俺がやったる。代わったるわ」となる。

人間の質のキャパシティーが増えていって、人に与える影響が強くなってくる。それが、世の中に出て、将来につながるような力になる。

これを僕は「人間の偏差値」と言っている。それを向上させたいのだ。

僕が指示したわけではないが、ラグビー部の部員が朝、ごみ集めをしている。火曜日と金曜日はごみ回収の日なので、朝6時半に登校して学校中のごみを集めるのだ。教員でもごみ回収のことを知らない人がいる。なぜなら、ラグビー部員がすべてのごみを集めるからだ。その後、校舎周辺の掃除もしている。部員が自主的に考え、自分を磨くために行っていることだ。

赤いエナメルバッグと他者評価

ラグビー部の監督に就任した頃、部員には郵便ポストのような、ものすごく大きく真っ赤なエナメルのバッグを作って、持たせていた。

誰が見ても御所工業高校のラグビー部員だと分かるようにするためだ。周辺の住民の方が彼らを見守り、良いことも悪いことも、学校に連絡がある。最初のうちは悪い方の連絡ばかりだったが、そうすることで指導もできた。悪いことでもいいから、御所市の皆さんに御所工業高校に関心を持ってもらいたかったのだ。

当時、僕はまだ電車が動かないうちに登校し、学校中の掃除をして、体育教官室の掃除をして、コーヒーを入れて生徒を待っていた。それが教師生活のスタートだった。それを継続しているうちに、生徒の質が変わってきて、僕を手伝うようになってきた。

僕はトイレについては、体育館の脇にあるトイレだけ掃除していたのだが、生徒がしてくれるようになったので、他の場所のトイレを掃除した。するとまた生徒が手伝ってくれる。そうして、僕の仕事がなくなっていった。

いまでは伝統になっているが、自分が行動することで生徒の行動が変わってきたのは事実だ。長い歳月がかかった。良い生徒ばかりが揃っているわけではなく、悪い、やんちゃな子もいる。でもそのなかに何人か手伝ってくれる生徒がいると、それが広がっていく。もちろん、トイレ掃除をしたからラグビー部でレギュラーになれるかといえば、そうではない。しかし、3年間、レギュラーになれなくても掃除を続けた生徒は卒業後もよく学校に帰ってきて近況報告をしてくれる。結婚して子供ができて大きくなると、「先生、ラグビー部に入れてください」と連れてくる。そんな信頼関係が生まれた。

僕は人に見てもらうことほど、成長できることはないと感じている。それを実践するためのツールが、赤いエナメルバッグだった。地域の人に見てもらう存在になっていって、だんだん地味なカバンに変わっていった。

全国大会の奈良県予選で決勝まで行くと、テレビに映る。ここでも、人に評価してもらうことができる。

1991年(平成3年)から奈良県では天理高校以外には負けたことがないので、必ずテレビで多くの人に試合を見てもらえる。打倒・天理高校という目標があることで、他者から評価を受けることができるのだ。

花園出場が決まった後が一番成長できるというのも、他者評価があるからだ。

「学校のなかでも、こんなに変われるのかと驚かれるくらいの生徒になってみろ。この時間を大事にしよう」

それを言い続ける。成長とは人から評価を受けるものだ。自分で成長したと言えるものは、ベンチプレスが何キロから何キロに上がったという数値で出るものしかない。ラグビーで「こんなステップができるようになりました」と言っても、試合に出場して成功しないと評価はされない。

つまり、評価の仕方はこちらで提示してあげなくてはいけない。「尊敬のジャージ」とか、「リスペクト」、「真心」、そういう言葉を使いながら成長度合いを見守ってあげることが大事だと思う。

生徒の喜ぶ姿を楽しむ

僕はなんの趣味もなくて、生徒の喜ぶ姿を見るのが一番の趣味かもしれない。生徒が変わっていく姿を見ているのが楽しいのだ。

殻を破った。いい大人になった。それがすごく嬉しくて、全国大会の奈良県予選で天理高校に勝ったときは、生徒たちに「いまが毎日成長できるとき。この一カ月間が人生で一番の勝負どころだ」と話している。

２０１９年度のプロップ島田彪雅は、人づき合いが不器用な子だった。将来性のある選手なのは間違いないが、周りと合わせるのが苦手だった。それで最初に通った高校をやめてしまった。

工事現場などで働いていると聞き、ラグビー部にいた中学校の同級生に、「このまま放っておいていいのか、声をかけてこい」と言った。その生徒も理解してくれて、島田に何度も話をしてくれたようだ。そして、御所実業に来ることになった。

入学の意思を示してくれたが、入試の前日まで来るか来ないか半信半疑だった。入試に合格したものの、一学年下の生徒と同級生になったこともあって、誰ともコミュニケーションをとろうとせず、一年目は急に練習に来なくなったこともあった。

だが、そこであえて注意することはしなかった。じっくりと彼の甘い部分などを観察し、どう成長させるべきか考えた。ただ、このことは他の部員の精神的負担になっていたようだ。彼が何もしないことを許すと、他の部員が島田の仕事をカバーしなくてはいけないからだ。

そのときは、島田にも「真心」がなく、他の部員から文句が出た。だが、島田は実は親分肌で、チームが困っているときに一番仕事をしてくれる選手だった。次第にそれが理解されるようになり、信頼され、チームワークにつながっていった。

島田には寮に入ってもらった。僕の自宅で預かることも考えたが、そうすると逃げ出してしまう気がしたのだ。せめて眠る時間は息苦しくないようにしてやろうと思った。彼がどんどん変わっていく姿を見ることができた。やんちゃな子が棘をとり、みんなのためにやり切る、みんなに喜んでもらえる仕事をする、そんな考え方に変わっていった。寮で長い時間をともに過ごすと、彼の几帳面な面も見えた。部屋を綺麗に掃除し、服を丁寧にたたむ。部屋を掃除しない部員には「寮を出ていけ」と言っていた。

大学に進学して、さらにプレーも人間性も伸ばしてもらいたかったのだが、「卒業後は調理師になる」と言い出したので、トップリーグにチャレンジしてみることを勧めた。調理師は現役を引退してからでも挑戦できる。トップレベルでプレーできる才能と体力があるのだから、続けてほしかった。パナソニックワイルドナイツにプロとして加入し、トップリーグの新人研修会にも参加。研修会後の記者会見では、新人を代表する一人として報道陣の質問に答えていたようだ。

御所に帰ってきたとき、大人になっていて驚いた。言葉遣いも変わり、自分の人生は先生のおかげでこうなりましたと、僕以外の先生にも感謝の言葉を伝えていた。会話ができるようになっていた。高校生のときはそうならなくても、10年後にそうなってくれたらいいと思って指導してきたが、島田の成長を見て、言い続けること、やり続けることが僕の仕事だと改めて思った。

上手くいかない状況が成長をうながす

教師は、生徒によって辛抱の度合いが違うと思う。この子には言ってはいけない、この子には少し言った方がいい、という感じで、それぞれの子に合わせて辛抱を注入する。日常生活のなかで、気がつくことのレベルが低く、率先して人の嫌がる仕事ができないところを直して成長させたい。生活と人間性をリンクさせて、プレーの質を上げたいと思っている。

僕が計画する練習は、上手くいかない状況を作ることが多い。上手くいかない練習とは、たとえば、ディフェンスの練習であれば、相手に突破された練習をする、ということだ。タックルにしても、タックルに入ったけれど押し戻されたと仮定して練習するのだ。

攻撃と守備に分かれてやる「アタック&ディフェンス」という練習があるが、これも、15人対残りの選手全員でやってみる。試合ではそんなシチュエーションはないのだが、あり得ないくらいのプレッシャーのなかで、どうボールをつなぐかを経験するためだ。

　スクラムでも、ラインアウトのモールでも、負けている状態からどう切り返せばいいかを考える。攻撃もサインプレーは基本的に使わない。上手くいかないときにみんなで助け合い、どうやってトライまで持っていくのかを考えるようにうながしていく。常にハンディキャップを負うような練習を組み立てるわけだ。

　多くのチームは攻撃のテンポを上げるために前向きな練習をするが、僕は前向きな練習はほとんどしない。ディフェンスでも後ろに下がりながらターンオーバーを狙う。ただし、そのターンオーバーが成功したときにどうするか、という前向きな練習はする。

　練習試合を組むときも、意図的に強いチームとばかり試合をすることがある。すべて勝っているチームはたしかにミスが少ないが、ミスが出たときに慌ててしまうからだ。

　ラグビーという競技は、上手くいかないことが多い。それが当たり前だと思って練習で経験しておけば、手立てを思いつく。自分たちがやろうとするパターンを3つくらい作っておけば、これをしようという案が出てくるし、機転につながるだろう。

　2020年度の全国高校大会でも、御所実業は体が小さく、他のチームより劣ることが

ラグビーという競技は、上手くいかないことが多い。
それが当たり前だと思って練習で経験しておけば、手立てを思いつく

多いので、フィールドマネージメントで駆け引きをした。負けている状況や条件を想定したフィールドの使い分けを常にして、バランスをとることに時間を費やした。

準々決勝で敗れたが、選手たちは準備したことが上手くいかないときに慌てず、自分たちで状況判断をしながら対応していた。快適な練習ばかりしていては勝てないし、人間的な成長も望めなかったと思う。

第8章　教育者としての今後

部歌「御高節」

御所実業高校ラグビー部には、「御高節《ごこうぶし》」（次ページ参照）という部歌がある。みんなが誇りに思えるような歌がほしくて、1995年度に作ってもらった。

歌詞は、当時、御実工業で教鞭をとっていた数学の坂田充司先生が書いてくれた。頭脳明晰で詩が好きな先生だった。実際に生徒の姿を見ていた先生だからこそ書けた歌詞だと思う。作曲はプロの方に依頼した。ラグビー部に入部すると、例年、チームを紹介するガイダンスをセミナーハウスで一泊して開催するのだが、そこで1年生が部歌を覚えるために全員で練習する。

当時の御所工業高校の実態をよく表している歌詞だ。やっと目標ができた生徒たちは、何度も大きな壁に跳ね返された。少しでも早く日本一に近づくために、この歌詞を書いてくれたのだ。うさぎとカメは、天理と御所。待っておけよ、ゆっくりでも近づくぞと、そんな思いが込められている。いつか本当に日本一になって歌ってみたい。

御高節

一
道標なくした　俺達が
やっと見つけた　この道で
ラグビーバカが　なぜ悪い
うさぎとカメの　競争と
夢砕かれたこともある
いつかつかむぞ　栄光の旗
御所高ラグビー　魂こがす
そんな俺達　御高節
そんな俺達　御高節

二
泥にまみれる　辛苦の日
やめたい気持ち　亡き友と
空を見上げて　語り合う
高くそびえる　白い壁
跳ね返されては　立ち上がる
いつかつかむぞ　栄光の旗
御所高ラグビー　魂こがす
そんな俺達　挑戦者
そんな俺達　挑戦者

三
花園の凪　心地よく
幾多の激闘　胸の内
夢見たこの地に　我立てり
友を信じて　パスを出す
心と心を　つなぎゆく
いつかつかむぞ　栄光の旗
御所高ラグビー　魂こがす
そんな俺達　日本一
そんな俺達　日本一

座って部員に向き合う理由

僕は試合直前のフィールドで、座って選手に話をする。きっかけは、1995年（平成7年）11月19日、全国高校ラグビー大会奈良県予選決勝で天理高校に勝ち、全国大会初出場を決めた試合だった。

31－15で勝ったのだが、試合終了直前から僕は芝生に正座していた。亡くなった北島弘元への思い、ここまで戦ってきてくれた選手への感謝もあった。以降、試合前には正座して選手たちに話すようになった。

僕は学生時代もよく正座することがあった。ラグビーは練習が始まると、座ることはないし、屈伸することもない。座ることで血の巡りを良くするなど、足がつらないようにしたり、グラウンドに転がるボールへの働きかけを良くしたり、そんな効果を狙っていた。

もちろん、いまは自分のことではなく、選手たちに語りかけるために座っている。低いところから上を見て話すと、視野が広くなり、言葉を巧みに出せる。選手たちも後ろの方で顔が見えるように立っている選手以外は座っている。

最初は選手に座るようにうながして話し始めていたが、いまは浸透しているので、僕が座るとみんな座り始める。人をリスペクトする視線ということでもある。

そこで話しているのは、その日の試合の条件のことだ。たとえば、雨や風のこと。その条件のなかであり得るプレーについて選手から引き出していく。あまりにも緊張して言葉が出てこないときは、こちらから提示する。また、練習試合では、テーマを決めていることが多いので、そのテーマに沿った話を強調する。ゲームのクオリティーを上げるために、センターエリアのミスを減らす、自陣でのプレーはシンプルに、などの話だ。

練習試合は強い相手とすることが多く、緊張感を持たせないと怪我をすることもあるので気持ちの準備をさせる。やろうとしたプレーが上手くいかなかったときに助け合うことなどについて、言葉をかける。

それに対して、選手自らがさらに新しいことを話しているのを聞けると、考える力が出てきたと嬉しく感じる。どんな条件で試合をするかは、とても大切にしているポイントなので、それに対して選手がよく考えるように習慣づけている。

御所実業は風下での練習をよくする。風下だと簡単に陣地をとれないし、キックをキャッチするのも難しい。風下で正確にプレーできれば、風上は比較的簡単だ。

生徒をいつ褒めるか

平成元年、最初に勧誘した18名の部員の一人に中島弘行がいる。「くそ」がつくほど真面目な男で、試合中に相手に手を出されたとしても、ぜったいに仕返しはしない。そんな子が、ある試合で、相手選手に手を出した。腹に据えかねることがあったようだ。レフリーに厳しく注意されて、「すみません！」と謝っていた。試合後、僕のところに来ても、「すみません！」と何度も謝る。

しかし、僕は褒めた。「よく自分の殻を破ったな」。やったことは悪い。でも、腹が立ったという感情を表現した。中島は殻を破ったと思ったのだ。

中島はいまも、そのとき褒められたことを話す。もし、褒められなかったら、ずっと殻を破れないままだったと思う、と言うのだ。

僕は生徒によって褒め方が違う。人間的に弱さのある生徒はよく褒める。家庭環境によって褒め方、叱り方を変えることもよくある。経済的に裕福な家庭もあれば、余裕がない家庭もある。親がどんな人か、その生徒は幼いときはどんな子供だったかなど、情報収集もした上で、強い人か弱い人かを見定めていく。追い込んではいけないタイプの生徒に対しては、一線を越えないように配慮している。

長い教師生活のなかで、すべてが上手くいったわけではない。失敗もあった。2010年度(平成22年度)、御所実業高校は3年連続6回目の全国高校大会出場を決めた。

このときのキャプテンで3年生の小西翔太という選手がいた。奈良県北葛城郡河合町にある町立河合第二中学から来た生徒で、ポジションはフランカー。この学年は部員が少なく、奈良県予選の決勝の天理高校戦に先発した15名のうち、3年生は小西一人だった。キャプテンで3年生唯一のレギュラーだったこともあって、小西に成長してほしくて、僕は彼を追い込みすぎた。苦しんで、何度も泣いていたと思う。いまは心から謝りたい。

このチームは全国大会の1回戦で群馬県の明和県央高校に完敗した。小西は試合開始早々に脳震とうで退場した。優れたタックラーで、高校日本代表候補になるような選手だったのだが、責任感が強すぎたのだろう。

彼は日本大学に進学し、大阪府警に入った。ずっと彼には悪いことをしたと思っていて、警察官になったと聞いたときは、僕を逮捕するために入ったのだと思ったほどだ。

それは冗談だが、ときどきグラウンドに顔を見せてくれるたびに、「悪かったな、すまんかった」と謝っている。

「ぜったい」がなくなった現代

昔のことばかり言ってはいけないが、昔は理不尽なことにも耐えなくてはいけなかった。「ぜったい」にしなければいけないことがあった。先輩のジャージを洗って朝までに乾かす。ボールをぴかぴかにするまで磨く。これらは、先輩に命令されたら口答えせず、ぜったいにやらなければいけなかった。

ボールを磨く時間がないと、朝早くグラウンドに行って練習しているふりをしてボールを汚す。そんな悪知恵も働かせた。面白がりながら工夫をしていた。

いまの生徒には、その「ぜったい」がない。理不尽に耐えられないのだ。そして、時間内に与えられた仕事ができなかったら誰かのせいにし、最後にはすねる。卑屈になる生徒はたくさんいるが、前向きに戦う生徒は少ない。

ラグビーの試合中でも、上手くいかないことはたくさんある。それを、周りの人間がサポートして前に進む。そういうチームワークを作らなくてはいけない。良いモデルになるために、自分で気づく力、やり切る力、気づかせる力をつけさせたい。

日常生活で当たり前にすることのレベルが上がると、いろんなことに気づくことができる。目に見えない努力や協力にも気づくだろう。それが質素につながっていく。

必要十分条件のなかで、努力の円と協力の円が交わる部分は、質素だ。それが外れると、こちらからの一方通行になってしまう。教育の大事な観点はそこだと思う。

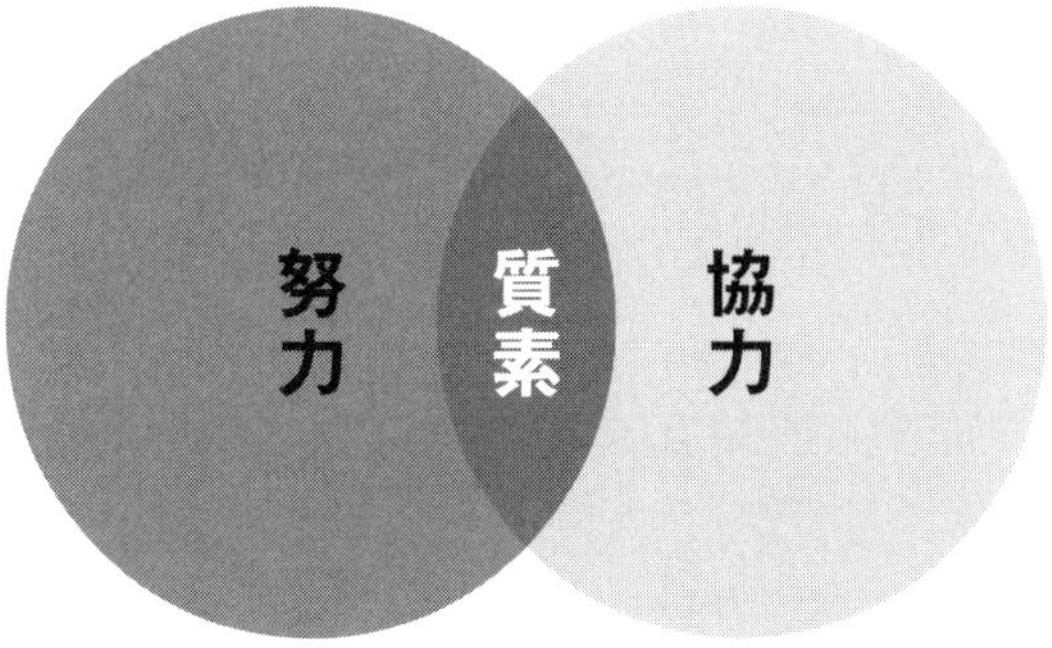

コーチングスタッフ

ラグビー部を強化するためには組織作りが大切だった。最初は僕一人でやっていたが、平成2年に北島が亡くなったこともあって、ドクターの皆さんと知り合いになって、さまざまな相談をするようになった。

何から何まで自分一人でやっていては限界がある。指導陣を分厚くすることの必要性を感じるようになった（次ページ参照）。

教え子の中瀬古祥成にまず母校に帰ってきてもらって、次に中学で先生をしていた中谷圭に帰ってきてもらった。その間に横井亮太トレーナーとドクターが揃い、津本鷹、久常《ひさつね》豪亮《ひであき》先生も2、3年前から入った。10年近く学校内外のことを見てくれている吉川博之、安田浩、古賀馨という3人の電気科の先生にもサポートしてもらっている。

顧問が7人いて、さまざまな角度からラグビー部を見てもらっているのは、他者評価を受けることが必要だと思っているからだ。そういう情報収集をしながら、気をつけるべきことに対して先に手を打つようにしている。

コーチングスタッフ

[部内スタッフ]

運営・全体指導	竹田寛行 中谷圭
全体指導・下級生指導	久常豪亮 津本鷹
総務	吉川博之 安田浩 古賀馨

[外部コーチ]

フォワード第一列担当	久樹《ひさき》幹《かん》
バックス指導	山下精久《きよひさ》
チームコーディネーター	二ノ丸友幸 平井継《つぐ》之《の》助《すけ》
ウエイトトレーニング指導	野沢正臣
チームドクター・トレーナー	横井亮太 瀧本未来《みき》 前田幸子《さちこ》
S&Cコーチ	臼井智洋
リハビリ&パフォーマンス	真木伸一
チームレフリー	谷克將《かつまさ》

こうしたきちんとした組織ができたのは、15年くらい前だ。スポットコーチの二ノ丸友幸とは、竹山晃暉ほか数名がU17日本代表に選出され、近畿の合宿に行ったときに出会った。リソースコーチで来ていたのだ。

吉川浩貴、矢沢蒼《あおい》らが、「二ノ丸さん、うちの学校にコーチに来てくれませんか」と頼んだらしい。二ノ丸コーチは「お前たちが頼むのもおかしいだろう。竹田先生から正式に依頼があれば、なんぼでも行くよ」と言ってくれたそうだ。

翌日、生徒から聞いてすぐに電話をした。以降、二ノ丸コーチが月に5回ほどコーチに来てくれるようになった。僕は全体のバランスやマネージメントをしていたので、二ノ丸コーチにはバックスの細かいことや、チームビルディングに協力してもらった。

僕はスクラムハーフが特にチームの命だと思っていたので、ありがたかった。二ノ丸コーチが来てから、うちのスクラムハーフが高校日本代表やU17、U20日本代表に選ばれることが多くなった。ありがたいことだ。彼らには、リーダーとして常に前に出てほしい。どこに行っても人の上に立つ人になってほしい。

定年後の計画：異文化交流

２０２０年度で教員は定年になるため、教師の仕事は辞することにした。ただ、非常勤講師として週に一度か二度は授業を受け持ち、奈良県と御所市の仕事をすることになる。ラグビー部の監督も続けることになった。並行して「竹田塾」を立ち上げ、子供たちの育成をしていこうと思っている。

竹田塾の理想は、昔ながらの塾だ。我々が子供の頃、近所のおじさんやおばさんの家で世間話をしながら教えてもらっていたような塾のことだ。

最終的にはラグビーに特化せず、いろんな勉強、音楽などもできるようにして、リーダーだけの塾にしたいと考えている。

まずはラグビーを中心に、異文化を体験できるようにしたい。ニュージーランドのヘイスティングス・ボーイズ高校というラグビーの強豪校があり、御所実業高校と姉妹校になった。

２０１９年ラグビーワールドカップ日本大会の影響で小学生のラグビー人口は増えてい

るが、中学生世代がプレーできる環境が少ないのが現状である。中学生にアプローチする塾を作りたいと思っている。

御所市の教育委員会にお願いして、2つの中学校にニュージーランドから留学生を受け入れる。その中学生には御所実業高校ラグビー部の寮に住んでもらって、交流してもらおうとも考えている。

ニュージーランドの中学生と交流して学べる機会があることで、全国からラグビーをしている中学生約30名を集めて、水曜日と金曜日の夜7時から、そして土曜日の朝早い時間帯から塾を開く。テーブルマナーや、電話の応対を学ぶなど、英語で話すような機会を作りたい。学校では教えてもらえないことを学ぶ場所にしたいのだ。

当然、ラグビーの練習もして、仲間意識を作ることにしている。鍜治田工務店の皆さんにお世話になり、鍜治田八彦社長にはゲストハウスも作っていただいた。寮も改装して、海外の人も住めるように動いている。中学生が海外へ行くための準備にもなるだろう。月に1回でも4回でもいい。制限をせず、異文化を学ぶ塾にしたい。

ここでも、人間の育成と競技力の向上を入れていこうと思う。また、水曜夜の塾は地域の人にも還元したい。社会人の皆さんと生徒とニュージーランドの留学生が一緒にスポーツをするような場所も作りたい。世代を超えた交流も必要だと思うのだ。コミュニケーション能力を高め、ストレス解消の場にしてほしい。

異文化を互いに学ぶ機会を作ろうとしたのには、きっかけがある。2011年にニュージーランドへ行ったとき、トンガとフィジーの中学生世代の子と日本の知人が釣りをした話を聞いた。たくさん釣れたのだが、その中学生は家族の分だけを残して、魚をリリースした。その話が頭から離れなかった。

日本人なら、釣れた分は持ち帰り、近所の人にあげようとするか、最終的に余った分は捨てるだろう。質素な姿勢は大切だと感じた。

フィジー、トンガ、サモア、ニュージーランドの人のなかには、日本人が昔は持っていた感覚を、いまだに持っている人が数多くいる。だから、海外の人に来てもらいたい。

誠実な人間を作ろうと思って教育してきたが、そういう感覚を持った子供がいてくれたら、教えなくても良い影響を受けるはずだ。

人間的なスタートとでも言おうか、ラグビーが上手くなくてもいいので、人間的に誠実な子が来てくれたら、社会に出て人々の役に立ち、愛される人間が育つのではないかと思う。

良い見本がいると、中学生や高校生は影響を受ける。全国から来てくれる子供たちが少しでもそういうことを感じてくれたら、規範意識が高くなるのではないかと感じている。

2019年、元日本代表ウイングのロペティ・オト（大東文化大学→トヨタ自動車）のお兄さんの息子が御所実業高校のラグビー部に入部した。タヴケという名前で、今度3年生になる。

真面目な男で、僕の家で暮らしている。一緒に暮らす仲間がだらしないことをしたら、日本語で「そら、あかんやろ」と言っている。プレーヤーとしては、日本で成長中だ。

以前は、退職したら徳島に帰り、不登校の子供たちが学べる学校を作ろうと思っていた。学べるだけではなく、地域を活性化し、雇用も生み出すようなものだ。文部科学省にも何度か相談したことがある。ただ、過疎化している場所で始めるよりも、まずは御所市で形を作り、最終的に徳島でも作ることができたらいいと考えている。当分は御所市で子供たちを育てていきたい。

日本での試合でずっと気になっていたことがある。たとえば、相手陣にキックを蹴って相手がボールを落としたことで地域的に前進できたとする。日本ではここで地域をとった側から拍手が起こる。ミスに拍手をするようなことは、ラグビー王国のニュージーランドではないことのように思う。

ニュージーランド代表オールブラックスを応援していても、対戦相手の南アフリカ代表スプリングボクスが良いプレーをすれば喜ぶ。そして、ウエーブが起こる。観賞の仕方のレベルが高いのだ。御所実業の試合でも、他の試合を見ていても、相手がミスをしてこちらに利益があった場合に拍手が起こることがある。観客もそうだ。この習慣はなくすべきだ。相手のミスを喜んでいる選手もいる。それは、相手が勝手にミスしてくれたから得をしただけであって、戦術が成功したわけではない。

自分たちが思い切って攻めた戦術がミスで終わったら、僕は拍手をしたい。いいぞ、次はボールを落とさないようにしっかりしよう、ということだ。

御所実業では相手がミスしたことでの拍手はしないようにしている。そういうことを多くの人に伝えたいし、子供たちにも身につけてほしい。

２０２１年４月中旬から、竹田塾をスタートさせる。ここでは、新しい時代のリーダー作りを目指したい。

アメリカの心理学者が提唱した「ＧＲＩＴ（グリット）」という言葉がある。「やり抜く力」のことで、４つの言葉の頭文字で作られている。この４つの言葉などをテーマに参加者に学んでもらおうと思っている。その他、初回は次のようなテーマを並べてみた。

◎ＧＲＩＴ
Guts ＝困難に立ち向かう闘志（度胸）
Resilience ＝失敗しても立ち直る粘り強さ（復元力）
Initiative ＝自ら考え行動すること（主体性）
Tenacity ＝最後までやり抜くこと（執念）
◎言語化コミュニケーションスキル

◎自己認識力

⇐

【人間力】（モラル）

・日常からの積み重ね（規範意識）

・人の成長に不可欠なアウトプットを重視（人はインプットだけでは成長しない）

簡単に説明したい。いまの世の中は、逃げたり、泣いたり、すねたり、誰かの責任にしたりすることが多くなっている。これをなくしていくには周りの人から気づかせることが大事だ。

だから僕は、叱り飛ばすようなリーダーではなく、周りから気づかせるような雰囲気作りができるリーダーが必要だと感じている。必要な要素は、ＧＲＩＴに含まれている。

言語化コミュニケーションスキルでは、聞く姿勢の大切さを学んでもらいたい。聞いたことをすぐにアウトプットする場を作ろうと思っている。

自己認識力は、その子の良さを分からせる、気づかせるということだ。「僕はいい奴だ」

ではなく、他人がどう思っているかという洞察力が生まれてくると、気遣いもできるようになる。洞察力はラグビーでいえば、相手の選手が右利きか、左利きかを瞬時に理解したり、陣形が変わったことで相手の仕掛けてくるプレーが分かったりすることにもつながる。

自己認識力を高めるためには、まず自己評価をしてもらい、他者評価を聞く。互いに評価するためには一緒に生活することが大事なので、金曜日に塾を開くときには、みんなで一泊し、土曜日はラグビーの練習をすることも考えている。

人間力は、挨拶をする、自分が使ったものを次の人のために片づける、日常生活のなかで人の嫌がることをしないということだ。人に喜んでもらえるようなことを考え、丁寧に実行する。ごみがあれば、さっと拾える。次の人のために気遣いができる人間になってほしい。

竹田塾は、人の嫌がる仕事を率先してやり、全体を俯瞰し、鼓舞できる人を育て、世の中のリーダーとして、ムードの読める大人になってもらえるような場所にできたらいいと思っている。

誠実な人間を作ろうと思って教育してきた。
ラグビーが上手くなくてもいいので、人間的に誠実な子が来てくれたら、
社会に出て人々の役に立ち、愛される人間が育つのではないか

おわりに

32年間、ラグビー部の指導に心血を注ぐことができたのは妻・光代のおかげだ。心から感謝している。妻とは、天理大学2年生のときに出会った。彼女は硬式テニス部で、24歳のときに結婚した。

そのとき僕は奈良県の教育委員会にいて、奈良で行われた「わかくさ国体」に出場する成年ラグビーの強化で「奈良クラブ」に所属してプレーしていた。

教育委員会で2年、奈良県立大淀高校で3年勤め、そして、平成元年に御所工業高校に赴任した。26歳のときに長男・英生が生まれた。

将来はラグビーをしてほしいと思い、バランス良く体を使う運動をしておいたほうがいいだろうと、水泳、サッカーをやらせた。その後、2年おきに次男・和史《かずふみ》、三男・宜純、四男・祐将が生まれてくれた。

全員が御所工業・御所実業高等学校でラグビー部に入ってくれた。長男が入部したとき、元日本代表スクラムハーフで近鉄にいらっしゃった大久保吉則さんにバックスコーチを依頼した。そこから3年指導していただいて2年生のときに花園に出場することができた。大久保さんにお願いしたのは、息子のコーチはやりにくいと思ったからだ。

なぜ息子を自分の学校に入れたかといえば、誰かに預ける自信がなかった。そして、小さいときは妻に子育てを任せきりだったので、高校からは僕がラグビーを通じてしつけの面も面倒を見ないといけないと思ったからだ。もちろん、自分の子供を特別扱いするのではなく、ラグビー部員みんなを自分の息子だと思って接することに決めていた。

だから、自宅ではいっさいラグビーの話はしなかった。長男が入学する前、妻に自宅で部員の夕食の世話をしてもらっていた。長男の同級生では岸和田玲央、一学年上には澤村雄介がいた。夕食は僕の家族も一緒に食べていた。ラグビー偏差値の高い生徒と一緒にいれば、息子も良い影響を受けるという考えもあった。

現在、英生は中国電力レッドレグリオンズでプレーし、和史は怪我で引退して同じ中国電力でコーチ、宜純は近鉄ライナーズ、祐将は三菱重工相模原ダイナボアーズでプレーしている。三男、四男はよく高校の練習を見に来てくれていたこともあり、全国大会の準々決勝で桐蔭学園に完敗した後、生徒にも「お疲れさま」というメッセージがあった。

妻は言った。

「やられたなぁ。あんた、子供にもっとご飯食べさせなあかんよ。体重を増やさないから、こんなことになる。私がもっとご飯を食べさせる」

僕は教師をやめるのに、逆に燃えていた。頼もしい妻である。

寮の食事は、いまは晩ご飯を妻が作っているが、以前は朝ご飯も部員の弁当もすべて妻が作っていた。これまで24時間、僕のラグビーに巻き込んでしまったので、これからは楽しみながらやってほしいと思う。

僕の家にも部員が住んでいたが、教員生活が終わればこれも終了だ。3年生は卒業し、1年生の代はいなかったので、残った2年生は寮に引っ越してもらう。たくさんの部員を預かった家は借家だったので、出ていくことになるだろう。だとすれば、どこかに住む家を探さなくてはいけないが、寮の近くに住むしか選択肢はない。これからもラグビー部の監督として部員たちのそばにいようと思う。

本文中に名前は出せなかったが、32年間の教師生活では数多くの方々にお世話になった。

奈良県教育長・吉田育弘《やすひろ》さん、宇陀市教育長・福田裕光さん、「東風の会」平井康仁ご夫妻、杉村雅史《まさし》さん、ＪＡの壺井和子さん他、皆さんの支援なくして教師生活も、ラグビー部の指導も続けてこられなかった。心から感謝申し上げたい。

また、コロナ禍で開催が危ぶまれた第１００回全国高等学校ラグビーフットボール大会の開催、運営に尽力してくださった皆さんに敬意を表したい。総務委員長の天野寛之さん、実況アナウンサーの赤木誠さんにも感謝申し上げたい。皆さんの尽力で一人も感染者を出さずに大会を終えることができた。

そして最後に、天国の北島弘元君への感謝を記したい。昨年の全国高校大会奈良県予選の決勝戦を前に北島家にお邪魔し、位牌の前で読ませていただいたものだ。

北島弘元君へ

君と過ごした時間は短かったが
私の糧として教師生活があった。

生徒が年々幼稚になり変わってきた。
昭和、平成、令和と考える基準が変わってきた。
年々歳をとり難しさは増してきた。
生徒も私も大きなエネルギーが必要となってきた。
枯渇したらゆっくり休むしかない。
負けたら充電し、いい準備をするしかない。
寝て起きて　人生繰り返し。
しかし〝損な人生〟とは思っていない。
君が亡くなって恕《じょ》になれた！
馬鹿になれた！
君の仲間はチームを守り、
私を守ってくれた。
「一日小さな一生」をテーマに
つながる工夫をしてきた。

やり続けること、
やり切らしてあげること、
やり切ることが
弘元が生きてる証だと思っている。
〝魂・絆・信頼〟の言葉を大切に
教師生活を終わり監督業に
専念したいと思っています。

御所実業高等学校ラグビー部の神様として
御守りください！

御所実業高等学校ラグビー部監督　竹田寛行

竹田 寛行
たけだ・ひろゆき

1960年5月8日生まれ、徳島県出身。徳島県立脇町高校→天理大学。1989年、御所工業高校（当時）に赴任し、同時にラグビー部監督に就任した。1995年度の第75回大会で花園初出場。花園での主な戦績は準優勝が4回（2008、2012、2014、2019年度）、3位が2回（2011、2016年度）、ベスト8が2回（2009、2020年度）。通算で29勝1分け13敗の成績を残している。

村上 晃一
むらかみ・こういち

1965年3月1日生まれ、京都府出身。京都府立鴨沂高校→大阪体育大学。1987年、ベースボール・マガジン社に入社し、『ラグビーマガジン』編集部に勤務。1990年6月から1997年2月まで同誌編集長を務めた。1998年に退社し、フリーのラグビージャーナリストに。多くのスポーツ誌に記事を寄稿するほか、『J SPORTS』の試合中継などで解説を務める。

「竹田流《たけだりゅう》」人間力《にんげんりょく》の高《たか》め方《かた》

御所実業高校《ごせじつぎょうこうこう》ラグビー部《ぶ》の挑戦《ちょうせん》

2021年3月31日　第1版第1刷発行

著　者　竹田《たけだ》 寛行《ひろゆき》／村上《むらかみ》 晃一《こういち》
発行人　池田哲雄
発行所　株式会社ベースボール・マガジン社
〒103-8482 東京都中央区日本橋浜町2-61-9
TIE浜町ビル
電話 03-5643-3930（販売部）
03-5643-3885（出版部）
振替口座　00180-6-46620
http://www.bbm-japan.com/
印刷・製本 大日本印刷株式会社

Printed in Japan　ISBN 978-4-583-11347-0 C0075